Beautés de la géographie

Du même auteur

Nouakchott, capitale de la Mauritanie, Paris, Publications du département de Géographie de l'université de Paris-Sorbonne, n° 5, 1977.

—, C. Toupet, *La Mauritanie*, Paris, Puf, 1977.

Histoire du paysage français, Paris, Tallandier, 1983 ; rééd. « Texto », 2011. Ouvrage couronné par l'Académie française et par la Société de géographie, prix Jean Sainteny.

Terres de Castanide. Hommes et paysages du châtaignier de l'Antiquité à nos jours, Paris, Fayard, 1986 ; rééd., 2008. Ouvrage couronné par l'Académie française, prix Sully-Olivier de Serres.

Gastronomie française. Histoire et géographie d'une passion, Paris, Fayard, 1991.

Le Japon, Paris, Sirey, 1991.

(dir.), *Paris, Histoire d'une ville, Paris*, Hachette, « Atlas Hachette », 1993.

La France, Paris, Nathan, « Géographie d'aujourd'hui », 1997 ; rééd. Paris, Armand Colin, 2009.

—, R. Dulau (dir.), *Géographie des odeurs*. Paris, L'Harmattan, 1998.

Philippe Lamour. 1903-1992. Père de l'aménagement du territoire en France, Paris, Fayard, 2002.

Le Vin et le Divin, Paris, Fayard, 2004.

Bordeaux-Bourgogne. Les Passions rivales, Paris, Hachette, 2005 ; rééd. Paris, Tallandier, « Texto », 2016. Prix de l'Académie des sciences, arts et belles lettres de Dijon.

Jeunes, on vous ment. Reconstruire l'Université, Paris, Fayard, 2006.

Suite à la fin d'ouvrage

Jean-Robert Pitte

Beautés de la géographie

puf

ISBN 978-2-13-085524-8
Dépôt légal – 1re édition : 2023, novembre

170 bis, boulevard du Montparnasse, 75014 Paris

Avant-propos

De 1956 jusqu'à leur retraite en 1982, les Frères Jacques ont fait sourire la France et la francophonie entières en chantant avec leur joie de vivre habituelle : « C'que c'est beau la photographie ! ». Mentalement, en les écoutant, j'ai toujours remplacé « photographie » par « géographie », parce que ce beau champ du savoir, j'en ai fait mon métier il y a bien longtemps et que je ne l'ai jamais regretté, tant j'ai éprouvé de plaisir à l'explorer et en faire partager les trésors. Il continue à me faire rêver la nuit et à me donner chaque matin le goût de chausser mes semelles de vent et de vivre une nouvelle journée pleine d'observations et de belles découvertes dans les territoires proches ou lointains que je parcours, autour de ma chambre, dans mon quartier, dans Paris où je vis, en France, en Europe, sur tous les continents et toutes les mers du globe. Par mes origines familiales, mes identités sont multiples et emboîtées : je suis une sorte de *matriochka*, ce qui est une formidable richesse à la condition de disposer de clés permettant de comprendre l'autre et l'ailleurs, c'est-à-dire de culture géographique. À l'inverse, l'ignorance géographique engendre des peurs irraisonnées et des attitudes frileuses d'enfermement sur son microcosme social, son ancrage local, voire de ridicules sentiments de supériorité, des attitudes agressives et des guerres.

Les pages qui suivent rassemblent les propos sur la géographie que j'ai tenus au cours des séances de l'Académie des sciences morales et politiques, où j'occupe depuis 2008 le deuxième fauteuil de la section « histoire et géographie », qui fut avant moi celui de Pierre George et, jadis, celui de Michelet. Pour l'heure, il est le seul fauteuil de l'Académie, parmi 50, et par extension de l'Institut de France, parmi 471, qui soit occupé par un géographe, et rien ne dit que cela perdurera après ma disparition. Étant devenu Secrétaire perpétuel en 2017, je n'ai pas eu l'occasion d'exercer la présidence de l'Académie et donc d'imaginer un programme annuel de conférences et de débats qui auraient porté sur la géographie. En revanche, j'ai eu le privilège d'intervenir pendant les six années de mon mandat lors de la séance solennelle de rentrée qui a lieu à l'automne sur un sujet de mon choix ; j'ai donc volontairement choisi des thèmes touchant de près ou de loin à la géographie. J'ai réuni ici ces six discours, en plus de trois autres interventions touchant à la géographie, l'une expliquant pourquoi elle est une science morale et politique, l'autre sur le vin, boisson de culture éminemment géographique et, la troisième, sur la vie et l'œuvre de mon prédécesseur Pierre George, exercice de style auquel se livrent tous les nouveaux élus.

Il ne s'agit, bien entendu, que d'aperçus fugitifs d'une discipline aussi chatoyante que toutes les sciences humaines, lesquelles ont vocation à s'intéresser à tous les aspects de la vie des hommes sur la terre, chacune avec son point de vue spécifique. Celui de la géographie est la localisation et la répartition de tous les phénomènes inscrits dans l'espace, qu'ils touchent aux œuvres humaines, artefacts et constructions mentales, ou aux environnements minéraux et vivants dont les sociétés héritent et qu'elles façonnent et ce à toutes les échelles, du microscopique à l'universel. Elle étudie aussi l'appropriation de l'espace par les individus et les sociétés qui créent ainsi des territoires et des frontières marquées ou floues, durables ou mouvantes. Les propos qui suivent relèvent essentiellement de l'approche culturelle, la manière qui m'a toujours le plus fasciné parce que c'est celle qui balaie les déterminismes de tous ordres et met le mieux en valeur la liberté et la créativité humaines, sans lesquelles la vie ne vaut pas la peine d'être vécue ni la géographie d'être pratiquée.

Notice sur la vie et les travaux de Pierre George (1909-2006)

Le 12 octobre 2009

Permettez-moi de vous plonger tout de suite dans trois atmosphères géographiques fort contrastées.

Voici la première :

« Le Jura présente aux yeux tous les agréments de la montagne sans jamais donner l'impression souvent pénible d'étouffement et d'écrasement que l'on éprouve au fond des grandes vallées alpestres, laissées très tôt dans la pénombre, entre les grands versants sombres qui cachent aux regards la fantasmagorie mobile des reflets étincelants des glaciers et des grands pics roses ou violacés. Tout y est mesuré, adouci, sans cesser d'être maintes fois imposant[1]. »

Passons à la deuxième :

« La charge, très lourde, de l'administration urbaine et de l'administration générale en économie dirigée, exige la construction d'un nombre élevé de bâtiments spacieux, abritant les services publics. L'urbanisme doit donc en premier lieu envisager des constructions nouvelles, pratiques, aérées, claires, adaptées aux nouvelles

1. P. George, *Les Pays de la Saône et du Rhône*, Paris, Puf, 1941, p. 99.

exigences de la vie sociale. Des édifices nouveaux, aux lignes géométriques, se hissent au-dessus des vieilles maisons, tantôt isolées, tantôt par groupes, comme l'immense masse du palais de l'Industrie à Kharkov[1]. »

Et voici, enfin, la troisième :

« La colline n'a plus été seulement le repère des villageois à l'heure où sonnaient les cloches de l'église bâtie à son sommet. Elle a perdu ses charmes secrets de gîte des escargots les jours de pluie ou de terriers des lapins. Elle est devenue un accident tectonique ou géomorphologique, un revers de “côte” ou un “abrupt de faille”. Le langage du géographe s'est coupé de l'homme et du lieu. Et, en même temps, l'ensemble du paysage rural a été désarticulé et dévitalisé[2]. [...] Les collines demeurent parce qu'elles ont existé avant les hommes, mais le temps des collines et révolu, sauf en quelques lieux écartés où les sites bénéficient de la protection de la nature en perdition et de la sauvegarde des espèces en voie de disparition[3]. »

Le contraste de style et de sensibilité est saisissant, mais vous l'aurez deviné, compte tenu de la circonstance qui nous rassemble aujourd'hui, l'auteur est le même, dans des écrits de 1941, de 1947 et de 1995. C'est Pierre George, le maître qui a dominé la géographie française pendant toute la seconde moitié du XXe siècle et que j'ai l'agréable mission d'évoquer devant vous aujourd'hui, puisque vous m'avez fait l'honneur

1. P. George, *URSS, Haute-Asie, Iran*, Paris, Puf, 1947, p. 364.
2. P. George, *Le Temps des collines*, Paris, La Table Ronde, 1995, p. 18.
3. *Ibid.*, p. 149.

de m'élire au 2e fauteuil qui fut le sien et, jadis, celui de Jules Michelet pendant 36 ans. Si j'ai prononcé l'adjectif « agréable », ce n'est pas seulement par égard pour ses proches ou ses nombreux anciens élèves ici présents et qui m'honorent de leur amitié, c'est parce que j'ai été l'étudiant de Pierre George et que je peux témoigner du soin qu'il apportait à préparer ses cours, à corriger ses copies – j'en conserve une que j'évoquerai dans un instant –, à répondre avec le sourire aux questions qui lui étaient posées. Certes, sa matière était austère et souvent très chiffrée, puisque les faits démographiques et de production économique le passionnaient, mais il était un professeur plein d'urbanité et nous le respections pour cela. J'étais en deuxième année d'université en 1968. Pierre George était en mission prolongée au Canada. Quel dommage ! Il a pensé tant de mal du nihilisme et de la veulerie de cette triste période qu'il serait peut-être parvenu à assagir le vent de folie qui soufflait à l'Institut de géographie de la rue Saint-Jacques, émanant en partie de ses élèves dont certains, pour notre malheur, n'avaient pas su évoluer plus tôt en renonçant à leurs rêves de Grand Soir. Le 2 novembre 1968, il écrit à son ami Louis-Edmond Hamelin au Québec : « Mais que va-t-il sortir de tout cela ? [...] Partout, le corps enseignant est très divisé. [...] Il y a beaucoup de bonnes intentions – de la part des jeunes surtout –, mais il y a aussi de sournoises manœuvres qu'il n'est pas toujours facile de définir et encore moins de démasquer en temps utile[1]. »

1. L.-E. Hamelin, « Traits de la carrière de Pierre George », *Cahiers de géographie du Québec*, vol. 52, n° 146, septembre 2008, p. 237-246. Voir p. 244-245.

Les trois passages tirés de l'impressionnante œuvre de Pierre George – plus de 60 livres – que j'ai choisis témoignent de l'évolution de sa pensée. Ils révèlent aussi ses enthousiasmes, ses convictions et la tristesse dont il a été habité pendant les dernières décennies de sa longue vie. Il se sentait alors nostalgique, à la fois de la géographie de sa jeunesse, mais aussi des espoirs qu'il avait longtemps mis dans le modèle sociopolitique né et mis en œuvre à l'est de l'Europe, avec l'insuccès que l'on connaît, ce qu'il avait perçu dès 1956, comme tant de ses contemporains. En relisant ces trois ouvrages et bien d'autres publiés sur une durée de sept décennies, je songe aux belles paroles de la chanson de Prévert :

> En ce temps-là la vie était si belle.
> Et le soleil plus brûlant qu'aujourd'hui.
> [...]
> Les feuilles mortes se ramassent à la pelle.
> Les souvenirs et les regrets aussi.

Ce lundi académique est un jour émouvant, car Pierre George est né à Paris le 11 octobre 1909, il y a exactement un siècle et un jour. Il attribuait sa vocation pour la géographie à la génétique. Son père était ingénieur agronome, inspecteur du Crédit foncier et avait voyagé toute sa vie dans les campagnes normandes[1]. « Il m'a initié aux études de terrain, aux hommes qui occupent le terrain, autrement dit à tous les éléments de la géographie[2] », dira-t-il plus tard.

1. A. Mares, « Parcours d'un géographe. Entretien avec Pierre George », *Historiens & Géographes*, n° 349, p. 37-44, 1995.
2. Entretien oral avec Gérard Joly, 22 mars 2002.

En réalité, il n'est venu à la géographie que tardivement, ayant hésité, comme beaucoup de brillants étudiants de cette époque, entre plusieurs disciplines. Il était titulaire d'une licence d'histoire et de géographie, mais aussi de sciences. Il avait beaucoup aimé l'histoire que lui avait enseignée Roubaud en khâgne à Charlemagne, et tout spécialement l'histoire ancienne qu'il avait découverte en Sorbonne grâce à Glotz et Carcopino. Il ne faut pas oublier que l'agrégation était alors d'histoire et de géographie. Il y est reçu premier en 1930, à 21 ans. Les années précédentes, le lauréat bénéficiait d'une « bourse autour du monde ». Pour la première fois, elle n'est pas attribuée. Il décide donc de se replier sur la France et se lance, sous la direction d'André Cholley, dans la préparation d'une thèse de géographie régionale sur le Bas-Rhône. Ce fut, dira-t-il, un enchantement. Lorsqu'on lui demanda en 2002 quel était le plus beau souvenir de sa carrière, il répondit : « c'est assurément la découverte du milieu méditerranéen. [...] En 1917, ma famille m'a soustrait aux terreurs de Paris pour me transférer dans le Midi méditerranéen, à Avignon où mon père avait été chargé d'organiser l'accueil des grands blessés et des malades de guerre. Travail de terrain, initiation aux conditions du climat, du milieu, ça a été pour moi la justification du choix de cette région comme sujet de ma thèse[1]. » Il aimait tellement ces paysages de son enfance et de ses premières recherches que ses cendres furent dispersées par ses proches depuis une colline du Pays du Ventoux.

1. *Ibid.*

Il soutient sa thèse quatre années plus tard. C'est un petit prodige, compte tenu de la masse d'informations qu'elle contient et du fait qu'il enseigne alors au Prytanée militaire de La Flèche et ne peut donc travailler sur le terrain que pendant les vacances. Il a seulement 25 ans, ce qui témoigne d'une capacité de travail et d'une maturité exceptionnelles. À sa lecture, on ressent très bien que la géographie régionale se cherche encore et, comme on le perçoit dans beaucoup de thèses du milieu du XXe siècle, peine à synthétiser les différentes composantes physiques et humaines de l'identité d'un territoire.

L'obtention d'un doctorat d'État ne change rien à sa situation professionnelle. Il demeure professeur de lycée de 1930 à 1946, ce qui n'apparaît pas à l'époque comme une punition, même pour un major d'agrégation. Il est vrai que l'atmosphère des lycées est fort différente de celle qui y règne désormais. Chacun sait qu'aujourd'hui beaucoup de normaliens et de jeunes agrégés souhaitent aussitôt intégrer l'enseignement supérieur ou même la recherche sans enseignement, sans parler de ceux qui bifurquent vers l'ENA ou HEC pour fuir des professions trop peu valorisantes. On reconnaîtra que l'enseignement secondaire développe la capacité de synthèse, le sens pédagogique, en particulier l'attention aux réactions de l'auditoire et donc une certaine empathie avec celui-ci, un désir de se mettre à sa place et de sentir ses émotions.

Notre compagnie réfléchit cette année au thème « université, science et recherche dans la France d'aujourd'hui ». J'en profite pour verser à nos débats cette idée très incorrecte dans certains milieux : l'enseignement oral entretient la mémoire et l'agilité intellectuelle, aide beaucoup à la clarification de la pensée et stimule la recherche, tant dans son rythme que dans l'émergence des idées neuves, ce qui devrait inviter les princes qui nous gouvernent au bien-fondé d'un corps de chercheurs non enseignants à vie. Bien que docteur d'État, Pierre George enseigna avec joie à des collégiens, parmi lesquels le jeune Alain Peyrefitte en 6e. Il gardait avec ravissement le souvenir d'un cours de 6e à Montpellier au cours duquel il avait expliqué la préhistoire à ses élèves. La semaine suivante, plusieurs lui avaient apporté des vestiges archéologiques trouvés dans les armoires ou les champs de leurs parents[1].

Devenu universitaire, Pierre George marquaient ses étudiants par ses talents pédagogiques. Il les avait en partie acquis auprès d'André Cholley qu'il admirait plus pour cela que pour son œuvre scientifique[2]. Je vous livre le témoignage d'Hubert Charbonneau, professeur de géomorphologie à l'université de Montréal, qui suivit ses cours à la fin des années 1950 : « Je me souviens en particulier du cours de géographie économique qu'il donnait le samedi matin à l'Institut de géographie de la rue Saint-Jacques. Il arrivait à l'heure précise, déposait devant lui quelques feuillets qu'il ne consultait jamais et procédait ensuite à un cours proprement magistral, d'une rare clarté, citant pourtant des dizaines de chiffres, tantôt sur la production du charbon et du pétrole dans telle ou telle contrée, tantôt sur les échanges commerciaux dans les divers continents ou le revenu par habitant de différents pays.

1. A. Mares, « Parcours d'un géographe », art. cité, p. 39.
2. *Ibid.*, p. 38-39.

On entendait les mouches voler dans le vieil amphithéâtre bondé. Et quand le maître, au terme d'une heure exacte, quittait la salle, après avoir exposé ce qu'il avait à dire, ni plus ni moins, des applaudissements aussi spontanés que nourris éclataient invariablement, tant les jeunes étudiants pourtant prompts à la critique que nous étions ne pouvaient que s'incliner devant la performance pédagogique à laquelle ils avaient eu la chance d'assister[1]. »

La description d'Hubert Charbonneau est conforme au Pierre George que les étudiants de ma génération ont connu, alors qu'il avait environ 60 ans. Malheureusement, on n'entendait déjà plus les mouches voler dans les amphithéâtres universitaires et les applaudissements n'étaient plus de mise. En revanche, Pierre George se passionnait toujours pour les chiffres touchant à la démographie ou à l'économie. C'est probablement lui qui est à l'origine de leur multiplication dans tous les manuels de géographie de la deuxième moitié du XXe siècle, en particulier ceux du secondaire. Comme la chronologie pour les historiens, ils ne peuvent constituer au mieux que le squelette du discours géographique. Pierre George savait les habiller de chair et les rendre éclairants. Ses épigones beaucoup moins et ils contribuèrent à détourner de la géographie une partie des lycéens et de leurs professeurs d'histoire-géographie, plus motivés par l'histoire que par la géographie. Pour

1. H. Charbonneau, « Pierre George (1909-2006) », *Géographie physique et Quaternaire*, 2006, vol. 60, n° 1, p. 4-6. Sur le talent pédagogique de Pierre George, voir aussi P. Claval, *Histoire de la géographie française de 1870 à nos jours*, Paris, Nathan, 1998, p. 269-270.

être tout à fait exact, il y a aussi une autre raison : les géographes universitaires, entraînés dès l'entre-deux-guerres par Emmanuel de Martonne, avaient fait de la géomorphologie structurale une autre épreuve de la course d'obstacles menant au certificat de géographie de la licence d'histoire, puis au Capes d'histoire-géographie et à l'agrégation, tant de géographie que d'histoire. Le déclic se produisait parfois et certains historiens parvenaient à prendre goût à l'exercice du commentaire de cartes topographique et géologique, un peu comme on peut être séduit par le thème grec. Quelques historiens de notre compagnie ou présents aujourd'hui m'ont confessé l'intérêt qu'ils avaient pris à s'initier à ce savoir druidique, d'autres ragent encore d'avoir échoué au moment des examens ou des concours à cause de lui. Nous avons du travail devant nous pour les convaincre que la géographie peut leur apporter beaucoup et même les séduire.

Pierre George possédait, comme tous les géographes français du XXe siècle, une solide culture géomorphologique et, d'une manière générale, en géographie dite « physique », même si les chapitres qu'il consacre à ces approches dans ses ouvrages de géographie régionale ne sont pas les plus neufs, ni les plus approfondis. Il avait suivi les cours d'Emmanuel de Martonne qu'il estimait et avait dirigé sa thèse complémentaire. Il avait même écrit plusieurs articles de karstologie sur la Provence et le Bas-Languedoc[1]. Il était capable

1. C. Gauchon, « Pierre George (1909-2006), l'apport méconnu d'un grand géographe à la compréhension du karst », *Karstologia*, n° 51, 2008, p. 59-60.

d'enseigner sur ces sujets, comme nous l'avons tous fait jusqu'à la fin des années 1980, moment du basculement des géographes et de beaucoup de professeurs des universités, dans la spécialisation la plus poussée. J'ai personnellement enseigné la géomorphologie qui n'était pas et n'est toujours pas ma spécialité jusqu'en 1986. Le problème majeur venait du fait que l'on ne reliait pas assez les différentes branches de la géographie entre elles et que notre discipline était sans doute un peu trop parcellisée. Elle apparaissait alors comme une collection de tiroirs scientifiques étanches, encombrés de faits et de vocabulaires techniques exigeants pour la mémoire et à l'utilité trop difficilement perceptible. Ne jetons pas trop l'opprobre sur cette pratique, même si elle a failli condamner la géographie. Interprétons la période qui va des années 1930 aux années 1990 comme une sorte de longue crise d'adolescence qui s'est achevée par un épisode paroxysmique : la modélisation mathématique à outrance, le « systémisme », l'invention d'un vocabulaire abscons et la « chorématique » qui ont failli faire oublier le grain et la beauté des paysages, la pâte et la patte humaines, le génie des lieux. Pierre George a détesté ces dérives suicidaires. L'histoire les a peu connues et a su conserver son statut de discipline indispensable à la culture générale, au civisme et au plaisir d'apprendre. Ajoutons que Pierre George a consacré moins d'énergie que d'autres à l'épistémologie et à l'histoire de la géographie, sans pour autant délaisser de fécondes interrogations sur l'utilité de la discipline, comme dans *L'Action humaine : étude géographique* (1968), *Les Méthodes de la géographie* (1970), *Le*

Métier de géographe : un demi-siècle de géographie (1990).

Pierre George consacre donc sa thèse à la géographie régionale du Bas-Rhône[1] et sa thèse complémentaire à la forêt de Bercé dans le Pays manceau[2]. Il participe ensuite à une étude collective sur la Mayenne, la Sarthe et le Loir, puis publiera pendant et à la fin de la guerre deux études régionales de facture classique sur les Pays de la Saône et du Rhône[3], puis sur les Alpes[4], ainsi qu'un curieux petit livre destiné à la jeunesse dont les accents patriotiques étonnent[5]. Pendant la guerre, il travaille pour la commission que dirige Gabriel Dessus dans le cadre de la délégation générale à l'équipement national. Il rédige des rapports sur des problèmes de localisation industrielle[6]. Lorsqu'il entre dans l'enseignement supérieur, à l'université de Lille en 1946, il choisit la géographie dite « humaine » qu'il définira plus tard comme l'étude « des rapports entre

1. P. George, *La Région du Bas-Rhône. Étude de géographie régionale*, Paris, J.-B. Baillière, 1935.

2. P. George, *La Forêt de Bercé : étude de géographie forestière*, Paris, J.-B. Baillière, 1936.

3. P. George, *Les Pays de la Saône et du Rhône*, Paris, Puf, 1941.

4. P. George, *Géographie des Alpes*, Paris, Puf, 1942.

5. P. George, *À la découverte des pays de France*, Paris, Bourrelier, 1946. Ce livre n'est pas cité dans sa bibliographie officielle de l'Académie. Pierre George l'avait offert au jeune Yves Lacoste qui le conserve pieusement.

6. C. Manzagol, « Quelques points de controverse dans l'œuvre de Pierre George », *Cahiers de géographie du Québec*, vol. 52, n° 146, septembre 2008, p. 325-333. M.-C. Robic *et alii*, *Couvrir le monde. Un grand XXe siècle de géographie française*, Paris, Association pour la diffusion de la pensée française, 2006, p. 137.

les problèmes d'existence d'une population et le milieu qu'elle occupe et qu'elle utilise[1] ». Il consacre en réalité son énergie à une partie de ce programme, à deux approches qu'il estime inséparables : la géographie de la population et la géographie économique. Il y a bien sûr des raisons à cela, qu'il me faut évoquer sans détour et revenir sur les années 1930 et 1940 de sa vie, qui ont laissé une trace indélébile sur sa manière d'être géographe et de concevoir l'université, qui ont aussi fortement marqué toute la discipline.

Au moment de terminer sa thèse, il adhère au Comité de vigilance des intellectuels antifascistes que fonde Pierre Gérôme, dit François Walter, en 1934. L'ethnologue Paul Rivet, le philosophe Alain, le physicien Paul Langevin sont les figures tutélaires de ce mouvement éphémère. Cet engagement clairement marqué à gauche, accompagné de déclarations explicites et d'une grève des cours, n'a pas l'heur de plaire aux militaires qui dirigent le Prytanée de La Flèche. Il est muté en cours d'année 1934-1935 à Chaumont et à la rentrée 1935 au lycée de Montpellier où il restera un an, avant d'être nommé à Paris au lycée Charlemagne qu'il connaît bien, entre 1936 et 1941, puis au lycée Lakanal à Sceaux de 1941 à 1946. Il n'accepte pas son éviction du Prytanée pour raison politique et intente un recours en Conseil d'État. Léo Goldenberg, le futur Léo Hamon, défend ses intérêts. Pierre George gagne son procès et touche des dommages et intérêts qui lui permettent d'assouvir un charmant caprice : s'acheter la voiture bourgeoise de

1. Entretien oral avec Gérard Joly, 22 mars 2002.

ses rêves, une Hotchkiss qu'il gardera longtemps. Pour le remplacer à La Flèche en cours d'année, un certain Louis Poirier est nommé. C'est un jeune agrégé de l'année qui enseigne au lycée de Nantes, élève d'Emmanuel de Martonne, plus connu sous le nom de plume qu'il adopte quelques années plus tard : Julien Gracq. Sur les bulletins scolaires des élèves du Prytanée, en signe de solidarité, il fait précéder sa signature de la mention « Pour le professeur empêché ». Pendant la guerre, sans renoncer à ses engagements, Pierre George adopte une attitude discrète, mais frôle l'arrestation à plusieurs reprises[1].

En 1929, il s'était déjà rendu à l'est de l'Europe, lors d'une excursion interuniversitaire en Yougoslavie. En 1930, Emmanuel de Martonne et les animateurs de la *Bibliographie géographique internationale* lui recommandent d'apprendre le russe, afin de couvrir le champ des publications soviétiques. C'est ce qu'il fait sans difficulté, encouragé par André Mazon qui dirige l'Institut d'études slaves. Il se rend en Russie en 1933 et en 1936, visite Moscou, Leningrad, Kharkov et la région des steppes. Il fréquente d'autres pays d'Europe orientale : la Pologne en 1934, à l'occasion du congrès de l'Union géographique internationale à Varsovie, la Tchécoslovaquie où il séjourne un trimestre. On imagine facilement le visage de l'Union soviétique qu'il découvre au cours de ses voyages très encadrés. Il est enthousiasmé par le modèle et, en 1935[2], il adhère au Parti communiste

1. A. Mares, « Parcours d'un géographe », art. cité, p. 39.
2. *Ibid.*, p. 40.

français, la même année que Julien Gracq qui, lui, rendra sa carte trois ans plus tard, au moment du pacte germano-soviétique. Pierre George en sera membre pendant un peu plus de deux décennies et en restera marqué à jamais. Ses écrits sur l'URSS et sur les démocraties populaires témoignent à la fois de l'énorme travail de lecture accompli par lui pendant la guerre et dans les années qui ont suivi, mais aussi de l'efficacité des réseaux d'influence scientifiques de feu l'Union soviétique et de ses satellites. Pierre George est, je crois, resté assez fier de son livre sur l'URSS, écrit pour la première fois en 1946, mais un peu amendé en 1962, même si l'expérience socialiste y est encore présentée de manière positive[1]. Il l'était moins, semble-t-il, de son petit livre intitulé *Les Démocraties populaires*[2] et qu'il taira par la suite dans ses bibliographies. Le premier chapitre s'intitulait : « Du passé, faisons table rase ! » Il retournera maintes fois en URSS et dans les pays satellites dans les années d'après-guerre, parfois en compagnie de Jean Dresch.

Il a évoqué cette période à plusieurs reprises au cours de colloques ou de conversations avec certains de ses élèves. Nul doute que son influence a été grande, d'autant qu'il enseigne à partir de 1948 à la Sorbonne et qu'entre 1945 et 1956, il publie environ 18 livres. Vers 1956, sa mouvance est d'une

1. M.-C. Maurel, « Pierre George, "compagnon de route", une trajectoire d'engagement », *Cahiers de géographie du Québec*, vol. 52, n° 146, septembre 2008, p. 319-324.

2. P. George, *Les Démocraties populaires*, Paris, Éditions sociales, 1952.

quinzaine d'universitaires au sein d'une discipline qui en compte 67[1]. Son rayonnement passe aussi par son cours de Sciences Po où il est, à l'époque, avec Jean Bruhat et Jean Baby, l'un des trois *Marx brothers*, comme les appellent gentiment les élèves. Il corrige sans concession pendant des années 600 copies à la fin de l'année préparatoire où il assure le cours d'initiation à la géographie[2]. Beaucoup de jeunes géographes proches de sa mouvance et de ses méthodes scientifiques viennent lui demander de diriger leurs travaux, tandis que ceux qui souhaitent travailler en géographie physique vont voir Jean Dresch qui, pour sa part, s'intéresse aussi aux questions coloniales et davantage à l'Afrique et au Proche-Orient que lui. Yves Lacoste a bien souvent dit l'influence qu'il avait reçue de ces deux amis de feu son père, jusque dans ses engagements politiques. Pierre George est, certes, habité de fortes convictions pendant ces deux décennies, mais jamais il n'ira jusqu'à écrire, comme Jean Tricart dans *La Pensée*, en 1956, que l'on ne peut être un bon géomorphologue si l'on n'est pas marxiste, ou comme Jean Dresch dans *L'Humanité* en 1984 qu'il est très difficile d'être bon géographe et réactionnaire ! Question d'éducation, sans doute, mais aussi de bonté et de finesse d'esprit.

Comme beaucoup, il tombe de haut au moment de la déstalinisation et de la répression de la révolution

1. Contre 620 en 1991. H. Lamicq, « La géographie des élèves de Pierre George », in *Autour de Raymond Guglielmo. Géographie et contestations*, Paris, Centre de Recherche sur les Espaces de Vie, 1991, p. 26-36.

2. *Ibid.*, p. 41.

hongroise de 1956, mais il n'est pas l'homme des ruptures brutales. Après un temps de réflexion, il quitte le Parti communiste sur la pointe des pieds. Dans ses souvenirs, cela se passe en 1956[1] ; Raymond Guglielmo pense que c'est en 1960[2]. Pierre George explique lui-même cette discrétion par le désir de ne « pas manquer au devoir du souvenir envers ceux qui avaient disparu dans la tourmente[3] ». C'est pour cela qu'il ne devient pas militant anti-communiste et qu'il choisit, comme il le dit lui-même, « le repli sur des valeurs qui ont aussi leur sens, celles de la recherche et des connaissances[4] ». À propos de l'URSS, il écrira bien plus tard, en 1976, à son ami québécois, Louis-Edmond Hamelin : « Sans doute êtes-vous allé au congrès de Moscou, et c'est une raison pour moi de regretter de ne pas m'y être rendu. Mais je suis assez attristé par les conditions de travail et de pensée dans ce pays dont j'avais espéré tout autre chose et j'ai préféré m'abstenir. Geste individuel sans aucune portée assurément, mais qui me met en règle avec ma conscience[5]. » Dans les années 1970, il met en garde Marie-Claude Maurel qui prépare sa thèse sur l'espace rural en Russie d'Europe sous sa direction – la seule qu'il ait jamais dirigée sur l'URSS – contre

1. *Ibid.*

2. R. Guglielmo, « Pierre George, promoteur de la géographie industrielle », *Cahiers de géographie du Québec*, vol. 52, n° 146, septembre 2008, p. 255-259.

3. A. Mares, « Parcours d'un géographe », art. cité, p. 40.

4. *Idem.*

5. L.-E. Hamelin, « Traits de la carrière de Pierre George », art. cité, p. 242.

les risques de décrire des villages Potemkine[1]. En 1991, il évoque « l'attachement à certaines formes d'idéalisme politique » qui ont abouti à « des analyses à l'eau de rose incontestablement non justifiées[2] ». Et en 1995, il dira : « qu'une idéologie que l'on croyait capable de transformer ou plutôt d'améliorer les rapports sociaux était purement et simplement un bluff couvrant une dictature[3] ». Il mettra cependant à jour son « Que sais-je ? » sur la géographie de l'URSS jusqu'en mars 1991, conscient du caractère probablement éphémère de son titre, comme il l'écrit à Marie-Claude Maurel : « Quelle audace... que de publier en 1991 une nouvelle édition de cette *Géographie de l'URSS*[4] ! »

Dès le début des années 1960 commence pour lui une longue évolution intellectuelle qui le tiendra plutôt à l'écart des débats politiques et surtout politiciens et syndicaux. Il s'entend très bien avec Alfred Sauvy, avec Raymond Aron, avec André Siegfried, avec Jean-Baptiste Duroselle, mais aussi, paradoxalement, avec René Dumont dont le tiers-mondisme le séduit assez. Il reçoit d'ailleurs beaucoup d'Africains chez lui. Peut-être en raison des pratiques qu'il avait

1. M.-C. Maurel, « Pierre George, "compagnon de route", une trajectoire d'engagement », art. cité, p. 323.

2. « Rencontres avec Pierre George », *Bulletin de la Société languedocienne de géographie*, vol. 25, nº 2, avril-juin 1991, p. 69.

3. A. Mares, « Parcours d'un géographe », art. cité, p. 40. Voir aussi M.-C. Maurel, « Le regard des géographes sur l'Est », *Bulletin de la Société languedocienne de Géographie*, vol. 25, nº 2, avril-juin 1991, p. 49-54.

4. M.-C. Maurel, « Pierre George, "compagnon de route", une trajectoire d'engagement », art. cité, p. 319.

admirées en Union soviétique, il voue une grande estime aux grands commis de l'État, parfois un peu technocrates, des débuts de la Ve République, comme Paul Delouvrier. Il adopte avec conviction la classification de Jean Fourastié entre secteurs primaire, secondaire, tertiaire et fait partie des premiers à faire réfléchir les géographes sur le tertiaire[1].

De ses choix de jeunesse, Pierre George conserve un grand intérêt pour les questions économiques et sociales. Il se passionne tout au long de sa vie pour l'analyse géographique des faits démographiques et, à sa façon, sociaux mais, surtout, pour celle de la production économique, en particulier agricole et industrielle. Sa vision des réalités est « marquée par un positivisme rationaliste », comme l'écrit Hélène Lamicq, qui constate très justement que ni Pierre George ni ses élèves n'ont souhaité explorer à cette époque l'univers des représentations, du vécu et du désir[2]. Il se méfie autant de la précision mathématique que de l'à-peu-près[3]. Il me semble que l'on peut néanmoins affirmer qu'à son corps défendant, il a été l'inspirateur du « systémisme » des années 1990 en France. Il écrit avec fébrilité et publie de nombreux manuels

1. P. Claval, *Histoire de la géographie française de 1870 à nos jours*, *op. cit.*, p. 276.

2. H. Lamicq, « La géographie des élèves de Pierre George », art. cité, p. 26.

3. J. Brun, « Pierre George, un précurseur dans les études urbaines ? », *Cahiers de géographie du Québec*, vol. 52, n° 146, septembre 2008, p. 277-285. Jacques Brun qui fut un fervent disciple regrette dans cet article que la sphère culturelle ait été si peu explorée par Pierre George et ses élèves. Je me réjouis beaucoup de cette constatation que Pierre George lui-même partagea à la fin de sa vie.

aux Presses universitaires de France, désormais son éditeur dont il est proche de la famille fondatrice, les Angoulvent. Il affectionne tout particulièrement le format de la collection « Que sais-je ? », dont il rédige 18 volumes souvent réédités, mis à jour et parfois amendés en profondeur. Parmi eux, citons *Géographie sociale du monde* et *L'Économie de l'URSS*, les deux premiers, en 1945[1], *Géographie agricole du monde*[2] et *L'Économie des États-Unis* en 1946, *Géographie industrielle du monde*, en 1947. Certains d'entre eux sont écrits en moins d'un mois, sans qu'il ralentisse pour autant ses autres activités académiques. Il dirige aussi deux collections phares de la discipline : « France de demain » et « Magellan ». Les étudiants achètent encore des manuels à cette époque. Enfin, il publie quelques-uns des précis et manuels incontournables des étudiants en géographie, en urbanisme et en sciences politiques de leur époque : *La Ville. Le fait urbain dans le monde* (1952), *La Campagne. Le fait rural dans le monde* (1956), *La France* (1967), *Population et peuplement* (1969), *Géographie active* (1964), publié avec Raymond Guglielmo, Bernard Kayser et Yves Lacoste. Le *Dictionnaire de géographie* qu'il dirige en 1970 est toujours disponible, constamment mis à jour par les soins de Fernand Verger. Il porte un grand intérêt aux villes, mais elles sont

1. En 1978, est parue la 17e et je crois dernière édition de *L'Économie de l'URSS* !

2. Sur la vision qu'avait Pierre George du monde agricole et rural, voir J. Renard, « Pierre George et la géographie rurale de Pierre George », *Cahiers de géographie du Québec*, vol. 52, n° 146, septembre 2008, p. 287-293.

longtemps restées pour lui des espaces traversés de flux matériels et peu des pôles de cristallisation des identités culturelles de leurs créateurs et de leurs habitants. Jean-Claude Boyer, l'un de ses élèves, le présente même comme un précurseur de Christaller et de Brian Berry[1]. Il interprète les travaux de ses élèves Bernard Kayser sur la Côte d'Azur, Raymond Dugrand sur le Languedoc et Michel Rochefort sur l'Alsace comme très en avance sur les théories anglo-saxonnes de la ville et des réseaux urbains. D'autres suivront, dont ceux de Jean-Claude Boyer lui-même sur les Pays-Bas.

Permettez-moi un témoignage personnel. Pierre George m'avait corrigé une copie de concours blanc d'agrégation vers décembre 1970 ou janvier 1971. Le libellé qu'il avait imaginé – correspondant à la question d'agrégation intitulée « L'élevage dans le monde » – était parfaitement conforme à sa vision d'alors de la géographie : « La production et la consommation des produits animaux dans les pays industriels de l'hémisphère nord ». Je ne dominais pas assez le sujet, mais il m'avait gratifié d'un généreux 9 sur 20, une notre presque acceptable pour une copie d'agrégation. D'une écriture bien lisible et aux lettres très reliées entre elles, il avait porté son jugement à l'encre rouge : « Exposé trop énumératif qui ne fait pas assez ressortir des types et formes de consommation et en regard des types et formes de production et de marché. » Tout le Pierre George de cette époque est dans cette phrase. Il est

1. J.-C. Boyer, « Pierre George et l'analyse des réseaux urbains », *Cahiers de géographie du Québec*, vol. 52, n° 146, septembre 2008, p. 271-276.

vrai qu'en relisant cette copie je m'aperçois que les chiffres y étaient peu présents. L'un des rares que j'y trouve et qui me remplit rétrospectivement de joie est « 400 » : il indique le nombre approximatif des fromages français. Celui-ci, je l'avais retenu et il a cheminé en moi jusqu'à me faire entrer plus tard dans le chatoiement de cet univers délicieux de la géographie gastronomique où je m'épanouis désormais !

En 1970-1971, Pierre George avait aussi fait inscrire au programme de l'agrégation une autre question bien dans sa manière et qu'aucun géographe français ne traiterait aujourd'hui avec plaisir, je crois : « Géographie des minerais métalliques dans le monde ». Il en avait assuré le cours à l'Institut de géographie de la rue Saint-Jacques. L'hématite et la bauxite le mettaient en joie, tout autant que la production hydro-électrique du Nord canadien, par ailleurs, alors que vingt ans plus tard il s'étonnera que les géographes se soient « un temps, laissés éblouir par les illusions du productivisme ». Il ajoutera même qu'« au lendemain de la guerre certains admiraient l'accès des "pauvres paysans" aux HLM de banlieue. En quelque sorte concrétisation du positivisme, du productivisme et du progressisme du XIXe siècle[1] ».

Après avoir quitté le Parti communiste, Pierre George s'est senti sans doute assez malheureux, presque orphelin, d'autant plus que certains de ses amis et de ses élèves ne l'ont pas compris ou, pour certains, pas tout de suite. Il a su, néanmoins, faire la part des idées et des sentiments et, tout en prenant ses distances avec

1. « Rencontres avec Pierre George », art. cité, p. 70.

certains, a conservé estime et affection pour ses disciples historiques : Jean Bastié, Raymond Guglielmo[1], Yves Lacoste, Michel Rochefort, Raymond Dugrand, Bernard Kayser[2]. Il continue à écrire beaucoup et à enseigner tant en France qu'à l'étranger et bénéficie dès lors d'une reconnaissance bien plus grande qu'auparavant. En 1969, il occupe le 12e rang parmi les écrivains français les plus traduits dans le monde[3] ! Les pays qu'il fréquente le plus, après s'être abstenu de se rendre au-delà du Rideau de fer, sont le Canada, l'Amérique latine (Mexique, Brésil, Argentine), l'Italie, la Tunisie. Longtemps, il n'a pu se rendre aux États-Unis, en raison des visas soviétiques qui constellaient son passeport. Il reconnaît lui-même sa méconnaissance de l'Asie : « une partie du monde m'a échappé : tout le domaine des surcharges de population de l'Asie, qu'il s'agisse de la Chine ou qu'il s'agisse de l'Inde [...] secondairement aussi, le grand continent africain[4] ». Au fond, il a davantage fréquenté les pays très peu peuplés que les régions du monde densément habitées où les modes de vie en société sont plus importantes que les structures économico-sociales.

1. « Je suis [...] en désaccord avec mon maître Pierre George. Cela ne m'empêche pas de lui rendre un hommage total », a récemment écrit Raymond Guglielmo. « Pierre George, promoteur de la géographie industrielle », art. cité, p. 258.

2. H. D. Clout, *Patronage and Production of Geographical Knowledge in France*, Londres, Institute of British Geographers, Historical Geography Research Series, vol. 41, 2009, p. 83-90. H. Lamicq, « La géographie des élèves de Pierre George », art. cité.

3. L.-E. Hamelin, « Traits de la carrière de Pierre George », art. cité, p. 237.

4. Entretien oral avec Gérard Joly, 22 mars 2002.

Son influence sur la géographie française demeure forte pendant longtemps, bien qu'il ait abandonné le rôle du grand patron incontournable assez tôt dans sa carrière. Il dirige la *Bibliographie géographique internationale* jusqu'en 1972, anime le comité de rédaction des *Annales de géographie* et appartient au directoire des Presses universitaires de France.

À l'égard de l'orientation de beaucoup de géographes français vers les applications de leur discipline à la gestion de l'environnement, à l'aménagement du territoire et à l'urbanisme, Pierre George demeure réservé, voire opposé. Il considère que le géographe est un notaire, selon le mot qu'il a employé devant moi vers 2001, et qu'il ne doit pas se substituer aux ingénieurs ou aux décideurs politiques. Il l'écrit clairement dès 1965 : le rôle du géographe est « la connaissance des situations[1] », puis en 1989 : « La discipline [...] est devenue une science politique dans la mesure où elle fournit des éléments de choix du possible et de l'impossible[2]. » Michel Rochefort l'a bien vu. Il lui attribue le point de vue suivant : « Si le géographe veut être un acteur, il lui faut pactiser avec la majorité politique élue[3]. » En dehors de sa participation à quelques commissions du commissariat général du Plan (CGP) entre 1945 et 1950[4], il ne franchira jamais

1. P. George *et alii*, *Géographie active*, Paris, Puf, 1965, p. 17.

2. P. George, *Les Hommes sur la terre. La géographie en mouvement*, Paris, Seghers, 1989, p. 206.

3. M. Rochefort, « Les structures sociales dans la pensée géographique de Pierre George », *Cahiers de géographie du Québec*, vol. 52, n° 146, septembre 2008, p. 247-254.

4. A. Mares, « Parcours d'un géographe », art. cité, p. 40.

ce pas, à la différence de Michel Phlipponneau ou de Raymond Dugrand, élus municipaux et régionaux, ou de Roger Brunet, conseiller écouté de certains ministres et du délégué à l'aménagement du territoire dans les années 1980. De même prend-il ses distances avec les méthodes de la géographie sociale qui l'avaient tant séduit dans sa prime jeunesse. Michel Rochefort fait remonter cette inflexion à 1954. Il décrit une scène mémorable de l'histoire de notre discipline, au cours de laquelle Raoul Blanchard s'est emporté contre les méthodes de Marcel Roncayolo étudiant les attitudes et les investissements de la bourgeoisie marseillaise, sans que Pierre George, organisateur du séminaire au cours duquel s'exprimaient ses élèves, ne vienne prendre sa défense[1]. Pour lui, la géographie active est à l'opposé de la géographie appliquée et il n'abandonnera pas cette conviction.

Il est élu en 1980 au sein de notre compagnie au fauteuil de l'historien Marcel Dunan où il rejoint un autre géographe, son ami Maurice Le Lannou élu cinq ans plus tôt. Il a surtout écrit quelques-uns de ses livres les plus marquants après sa retraite : *Les Hommes sur la terre. La géographie en mouvement*, en 1989 ; *Le Métier de géographe*, en 1990 ; *Le Temps des collines*, en 1995. Dans le premier d'entre eux, il exprime comme un regret : « Le fondement concret de l'identité des groupes humains est d'ordre culturel, ce qui implique son essence historique. [...] On a, dans un passé récent, attribué une place marginale à la géographie des religions, à la géographie

1. *Ibid.*, p. 251.

des langues, et laissé à l'ethnologie un monopole de fait dans ce domaine[1]. » Il rend au passage un hommage appuyé à Yves Lacoste et aux collaborateurs d'*Hérodote* qui lui semblent porter sur ces questions ce qu'il appelle un « regard froid », ce qui est sous sa plume un compliment. À l'évidence, il appréciait davantage la revue *Hérodote* dans les années 1990 qu'en 1976 ! Il faut regretter que les géographes de la Sorbonne dans l'immédiat après-guerre aient été aussi matérialistes, alors qu'au Collège de France, les idées et les libres choix des sociétés étaient bien plus à l'honneur, grâce à Pierre Gourou, à Roger Dion, voire à Maurice Le Lannou, passionnants successeurs de Jean Brunhes.

Dans ses derniers écrits, il s'est étroitement rapproché des conceptions géographiques de Maurice Le Lannou et l'homme producteur de sa jeunesse est devenu un homme habitant. Quelques-unes de ses dernières pages ont été publiées dans un fascicule dirigé par notre confrère Alain Plantey[2]. Il y chante « la culture de la campagne, celle de la patrie, celle des cimetières et des monuments au souvenir de ceux qui sont morts ailleurs pour que survive l'identité de la campagne où ils étaient nés. Symboles [...], les petites églises perdues dans le bocage, les monastères secrets au cœur des forêts, les abbayes romanes, le défi de Vézelay appelant à la croisade ».

1. P. George, *Les Hommes sur la terre*, *op. cit.*, p. 64-66.

2. P. George, « Terroir, culture et art », in A. Plantey (dir.), *Le Patrimoine culturel*, Paris, Fondation Singer-Polignac, 1997, p. 37-41.

Son grand âge est attristé par la perte de son épouse et par la cécité presque totale qui l'empêche de lire et d'écrire. Il conserve néanmoins toute sa lucidité, dicte *Le Temps des collines* et reçoit volontiers ses amis et collègues dans sa maison de Châtenay-Malabry où il s'éteint à 97 ans, le 11 septembre 2006, avant de rejoindre le pays de ses chères collines, celui qu'il appelle dans son dernier livre le pays de « la géographie révolue ».

Le vin, géographie liquide et métaphore de la condition humaine

Séance de l'Académie des sciences morales et politiques du 12 décembre 2011

Je vous remercie vivement, Monsieur le président, d'avoir pris le risque de m'offrir la parole aujourd'hui et de me permettre de développer devant notre compagnie un sujet qui pourrait apparaître quelque peu futile, au regard du sérieux des propos qui sont habituellement tenus en ces murs. Pourtant, rien n'est plus sérieux que le vin puisqu'il est en correspondance profonde et intime avec notre excitante condition humaine, comme je vais tenter de le montrer. À l'avance, j'en demande pardon à ceux d'entre vous qui seraient abstinents, comme le sont 40 % de nos compatriotes, 30 % ne buvant du vin que les jours de fête et seulement 30 % à tous les repas. Grâce à ces deux dernières catégories, nous demeurons les premiers consommateurs de vin au monde, immédiatement suivis des États-Unis, puis de l'Italie et de l'Allemagne, talonnés par l'Espagne, le Royaume-Uni, l'Argentine et la Chine. Très vite, les États-Unis et la Chine seront les premiers consommateurs de la planète, au moins en volume global. La consommation par tête nous place en deuxième position derrière le Luxembourg (48 litres par an, contre 53). À titre de comparaison, chaque Américain en boit 9 litres, chaque Japonais 2 litres et chaque Chinois 1 litre). Pour compléter ce bref panorama économique, je rappellerai que les exportations de vins français et eaux-de-vie de vin représentent 10 milliards d'euros, soit l'équivalent de 182 Airbus ou de 405 rames de TGV, ainsi répartis : 2,5 milliards pour le champagne, 1,7 pour le cognac, 1,4 pour le bordeaux et 700 millions pour le bourgogne. On le voit, dans la période de crise que nous traversons, le vin est un produit sérieux, il est à notre économie ce que le pétrole est à d'autres, avec une qualité supplémentaire : celle de porter l'empreinte de notre culture, pour ne pas dire de notre génie, celle de nous ressembler.

Depuis la haute Antiquité, le vin a tenu une place essentielle dans les civilisations du Croissant fertile dont nous sommes les héritiers et où il est apparu vers la fin du VIIe millénaire avant notre ère[1]. Par ses effets euphorisants et doucement désinhibants qui permettent de prendre du recul face au pesant quotidien, il est devenu une boisson de culture qui a tout naturellement pris sa place au cœur des religions du Proche-Orient et de la Méditerranée. Dieu grec (Dionysos) et romain (Bacchus), signe de l'alliance avec Yahvé chez les Hébreux, il est devenu central

1. On a découvert en 2007 une cuverie datée de 6100 av. J.-C. à Areni en Arménie, non loin de l'Ararat où la tradition biblique situe l'échouage de l'arche de Noé et l'invention de la viticulture par le patriarche.

dans le christianisme qui allie l'héritage biblique et celui de la Grèce au travers de l'eucharistie.

Je vous propose d'évoquer quelques-unes des éminentes vertus du vin sans lequel l'humanité serait encore plus désespérante et désespérée qu'elle n'est.

IL EST L'EXPRESSION DE LA VIE

Plante à feuilles caduques dans une région du monde où les plantes à feuilles persistantes sont majoritaires, *Vitis vinifera* revêt un aspect extrêmement austère pendant l'hiver. Son débourrage et la pousse de son feuillage vert tendre au printemps sont spectaculaires. C'est pourquoi elle a très tôt été associée à la renaissance de la vie après la mort, thème majeur de la mythologie dionysiaque et de la théologie chrétienne. Dionysos, fils de Zeus et de la mortelle Sémélé, est né deux fois et, la seconde, de la cuisse de son père. Jésus est, lui aussi, fils de Dieu et d'une mortelle ; il est mort et ressuscité en fusion avec son Père. L'un comme l'autre se glissent et renaissent en permanence, au cours d'un rituel solennel, dans le cratère de vin du symposium et dans le calice de l'eucharistie.

Il y a une autre raison à cela : la fermentation, phénomène qui fut longtemps considéré comme mystérieux. Même lorsque l'on entrevoit la réalité, grâce aux travaux d'Adamo Fabbroni qui défend en 1787 l'idée que la fermentation du moût est provoquée par des organismes vivants, il faut attendre Pasteur dans les années 1857-1867 pour qu'il soit prouvé que ce sont des micro-organismes anaérobies, les levures, qui transforment le sucre en alcool. Jusque-là, la théorie de la génération spontanée était communément admise, erronée, mais fascinante. Pasteur a permis de la dépasser, mais il n'a pas désenchanté le vin ; il a simplement nommé la vie qui le fait naître et qui demeure toujours aussi passionnante en raison de la part d'imprévisible qu'elle comporte. Voir, sentir et goûter le moût qui commence sa fermentation en s'échauffant, puis en bouillonnant au plus fort du processus, comprendre les bons effets de la seconde fermentation dite « malolactique », constater l'évolution différente de deux bouteilles du même vin à mesure qu'elles vieillissent : autant de motifs d'émerveillement, même si les forces qui les provoquent sont mieux comprises aujourd'hui. Le vin est bien l'une des expressions les plus vigoureuses et foisonnantes de la vie. Ce n'est pas par hasard qu'une feuille de vigne habille les parties vitales d'Adam dans de nombreuses représentations artistiques.

PAR LES CINQ SENS, L'ENTRÉE DANS L'UNIVERS DE LA COMPLEXITÉ

À la différence de beaucoup d'expressions du talent artistique des hommes (la musique, la peinture, la danse, etc.), le vin est perceptible par les cinq sens. L'ouïe est stimulée par le son du vin qui coule de la bouteille dans le verre, du champagne qui pétille, de la bouche qui grume. La vue est sollicitée, de manière parfois somptueuse, par la transparence, la brillance et la couleur profonde et unique du vin. Mais les trois autres sens, l'odorat, le goût et le toucher, jugés moins nobles depuis l'Antiquité, se trouvent réhabilités grâce au vin puisque ce sont eux qui permettent d'en approcher l'infinie richesse. Les fragrances et les saveurs des vins se révèlent au contact des lèvres et du palais grâce à leur texture, mais aussi à leur température, sans oublier la matière du récipient en métal, en verre ou en cristal qui contribue à l'introduction du vin en l'homme ou, ce que je préfère, de l'homme dans le vin. En effet, on entre dans un vin comme dans une poésie ou comme on entre en religion. En la matière, seuls sont comparables au vin l'alimentation, la bonne chère, et, par ailleurs, l'œuvre de chair, deux des besoins humains les plus vitaux et avec lesquels le vin s'harmonise si bien.

Ces palettes de perceptions complexes et subtiles dépassent ou plutôt stimulent l'imagination. Le vocabulaire scientifique est précis, mais dénué de puissance d'évocation, puisqu'il consiste à énumérer les centaines de molécules qui composent le vin dont certaines sont à l'état de traces très difficiles à déceler. Elles contribuent à lui donner sa personnalité issue de son terroir. Dès lors que l'on veut en parler, on est contraint de faire appel à tout un vocabulaire comparatif ou métaphorique. Sont convoqués les parfums de minéraux, de fleurs, de fruits, d'atmosphères (un sous-bois de feuillus un soir d'automne tiède pour un chambertin assagi, les embruns marins iodés pour un muscadet, une garrigue chauffée par le soleil pour un bandol, etc.), les comparaisons anthropomorphiques : une jeune femme épanouie, un fougueux adolescent, un très beau vieillard, « une volupté callipyge », un champagne « enfantin et sérieux », ces dernières expressions étant tirées de la dernière édition du *Guide des meilleurs vins de France* de la *RVF*. Un amateur éclairé n'hésitera pas à frôler l'oxymore, comme en témoignent ces commentaires extraits de la même source : « une ferme rondeur », « une minéralité miellée », « un gras nerveux », « un doux amer », « un moelleux allègre », « une puissance tout en dentelle », « une soyeuse fraîcheur », un léoville barton « terriblement velouté », le « taffetas salin » du pouilly de Dagueneau et, pour terminer cette voltige littéraire, à propos du pouilly Clos du Calvaire 2008 du même Dagueneau qui « danse en bouche une ultime chorégraphie, sur des pointes minérales et des entrechats vibrants de fruit ». C'est que le vin, comme l'espèce humaine, est riche de paradoxes et que l'harmonie apaisée est souvent ennuyeuse, elle marque, pour l'un comme pour l'autre, le commencement de la fin.

La grandeur d'un vin réside dans sa complexité et sa finesse, rarement dans l'exubérance. Compte tenu du nombre élevé de paramètres physiques et humains qui concourent à sa personnalité, c'est l'impression de rester au seuil d'un monde qui le dépasse qui émeut l'amateur, ce « brin de mystère excitant autant qu'effrayant », pour citer Jankélévitch dans *Le Je-ne-sais-quoi et le Presque-rien*. C'est cela qui rend le vin si nécessaire à l'humanité pour l'empêcher de sombrer dans le positivisme et l'orgueil. C'est pourquoi comprendre le vin exige de faire appel à toutes les sciences. À un journaliste naïf qui demandait récemment à Edgar Morin s'il voyait un rapport entre le vin et la sociologie, celui-ci répondait : « Le vin est un phénomène humain total qui ne s'épuise pas dans une seule discipline[1]. »

LE VIN ET LA JOIE DE VIVRE

Une autre de ses vertus touche à ses propriétés euphorisantes, anxiolytiques, désinhibitrices, bien entendu lorsqu'il est consommé avec modération. Les addictologues et alcoologues (Michel Reynaud ou Philippe Batel, par exemple) ont bien étudié le phénomène : le vin agit sur la dopamine et sur les endomorphines, neurotransmetteurs parfois appelés « molécules du plaisir ». Il agit encore plus vite et efficacement lorsqu'il est chargé en gaz carbonique, ce qui est le cas du champagne. En 1821, le docteur Roques ne savait pas l'expliquer, mais l'avait bien observé[2]. Il écrit que les vins de champagne « rompent la monotonie et quelquefois l'ennui des repas qui se prolongent ; leur couleur est ambrée, leur éclat, leur mousse pétillante, leur parfum, tout cela excite les sens, donne une sorte d'hilarité qui se communique

1. *Le Figaro*, jeudi 16 juin 2011.
2. Cité par François Bonal, *Anthologie du champagne*, Langres, Dominique Guéniot, 1990, p. 182.

rapidement comme l'étincelle électrique. À ce mot magique de champagne, les convives engourdis, blasés par la bonne chère, se réveillent : cette liqueur vive, éthérée, charmante, agite tous les esprits ; les hommes froids, graves, savants, sont étonnés de se trouver aimables ». Voltaire l'avait dit autrement en 1736 dans *Le Mondain* :

D'un vin d'Aï, dont la mousse pressée,
De la bouteille avec force élancée,
Comme un éclair fait voler son bouchon ;
Il part, on rit, il frappe le plafond.
De ce vin frais l'écume pétillante
De nos Français est l'image brillante.

Il n'est pas besoin de s'étendre longuement sur les conséquences très positives de ces effets physiologiques. Des hommes et des femmes joyeux sont plus heureux de vivre, plus intuitifs, plus sociables, mieux à même d'éprouver de nobles sentiments et de les partager avec autrui. Le plaisir est indispensable à la vie. Le prédicateur oratorien Jean-François Senault l'écrivait en 1652 : « Ceux qui condamnent le plaisir sont obligés de condamner la nature et de l'accuser d'avoir commis des fautes en tous ses ouvrages. Comme le plaisir est utile au corps, il n'est pas moins utile à l'esprit. »

UNE INVITATION À L'AMOUR

En donnant confiance à celui qui le boit avec sagesse, en exhaussant son abnégation, sa sympathie, voire son empathie à l'égard d'autrui, le vin permet de mieux investir la totalité du potentiel de la condition humaine. La plupart des philosophies et morales du monde ont toujours enseigné qu'il fallait s'aimer soi-même pour pouvoir aimer l'autre et *vice versa* : le vin y contribue clairement. Le château Haut-Marbuzet illustre parfaitement ce propos. C'est un saint-estèphe, une appellation réputée austère chez ses jeunes vins. Henri Duboscq, le propriétaire, est à l'opposé de ce style. Il s'est donc efforcé d'élaborer des vins séduisants et sensuels, irrespectueux de la tradition locale et il y est parvenu. Il l'explique très bien : « Mon tempérament se situe exactement à l'opposé du saint-estèphe. Je suis volubile, exubérant et plutôt caressant. Je fais donc le vin qui me ressemble car ce que j'aime par-dessus tout, *c'est moi*[1]. » Cette proclamation pourrait sembler immodeste, voire ridicule, mais la suite du propos rétablit la réalité du vin : « Il m'a donc fallu échapper à cette typicité que l'on prête à saint-estèphe. Momentanément, j'ai dû dompter le terroir. Jeune, haut-marbuzet est davantage Duboscq que saint-estèphe. Voilà pourquoi il choque les puristes. Au bout de trois ou quatre ans, c'est une

1. Dans Jean-Paul Kauffmann, *Voyage à Bordeaux* (1989), Paris, Équateurs, 2011, p. 108.

autre affaire. Mon vin m'échappe. Il n'a plus le flamboiement de Duboscq mais il ne montre pas encore le génie de son terroir. Haut-marbuzet va connaître alors une période de réflexion. Les amoureux de ce vin ne reconnaissent plus la fringance de ses débuts. Je dirais que, lassé d'être brillant, haut-marbuzet entreprend d'être profond. Le terroir va désormais faire oublier le vinificateur. » On le voit encore au travers de cet exemple : le vin dépasse l'homme.

On peut ajouter qu'il le bonifie et qu'il l'embellit. Voyez combien rayonnent les visages des convives rassemblés sur les deux tableaux commandés par Louis XV à Nicolas Lancret et à Jean-François de Troy, *Le Déjeuner de jambon* et *Le Déjeuner d'huîtres*, aujourd'hui conservés à Chantilly. Ils boivent du champagne ; le seul vin qui laisse les femmes plus belles après qu'elles en ont bu, selon l'affirmation que l'on prête à Madame de Pompadour. La vigne et le vin ont inspiré une telle multitude de peintures, de sculptures, de tapisseries, de vitraux, d'objets d'orfèvrerie, de poèmes, de romans, d'essais, d'airs d'opéra, qu'on ne peut douter de leur lien avec la beauté qui est l'une des expressions de la vérité et donc de la vie. Dès le VIe siècle av. J.-C, le poète Alcée avait énoncé que la vérité est dans le vin, ce qui deviendra un proverbe latin courant, dont on retrouve l'équivalent à propos du vin de riz dans la sagesse chinoise : « Après le vin, la parole vraie ».

Notre confrère, Sa Sainteté le pape Benoît XVI ne se lasse pas de le répéter. Ses premières paroles après son élection au siège de saint Pierre le 19 avril 2005 avaient surpris : « Chers frères et chères sœurs, après le grand pape Jean Paul II, Messieurs les cardinaux m'ont élu moi, un simple et humble travailleur dans la vigne du Seigneur... ». Il a récidivé le 29 juin de cette année, lors de l'homélie prononcée au Vatican à l'occasion de l'imposition du pallium aux nouveaux archevêques métropolitains et de la 60e année de son sacerdoce. Il choisit de commenter la parole de Jésus : « Je ne vous appelle plus serviteurs mais amis[1] ! » Et à partir de celle-ci il file une étonnante métaphore viti-vinicole : « La parole de Jésus se place dans le contexte du discours sur la vigne. Le Seigneur associe l'image de la vigne avec la tâche confiée aux disciples : "Je vous ai institués pour que vous alliez et que vous portiez du fruit et un fruit qui demeure" (Jean 15, 16). [...] Quel est le fruit qui demeure ? Eh bien, le fruit de la vigne est le raisin à partir duquel se prépare par la suite le vin. [...] Pour que parvienne à maturité un vin de qualité, il faut le foulage, le temps nécessaire à la fermentation, le soin attentif qui sert au processus de la maturation. Le vin fin est caractérisé non seulement par la douceur, mais aussi par la richesse de ses nuances, l'arôme qui s'est développé au cours du processus de maturation et de fermentation. N'est-ce pas déjà une image de la vie humaine et, selon un mode spécial, de notre vie de prêtre ? Nous avons besoin du soleil, de la pluie, de la sérénité et de la difficulté, des phases de purification et d'épreuve, comme aussi des temps de cheminement joyeux avec l'Évangile. [...] Le vin est l'image de l'amour [...], le vin qu'on attend du raisin de qualité est avant tout une image de la justice. »

1. Jean, 15, 15.

L'EXERCICE DE LA RESPONSABILITÉ

Je reviens aux risques réels que fait courir le vin bu à l'excès. Leur existence n'est évidemment pas une raison de mettre en œuvre le principe de précaution, la culpabilisation et l'interdiction de la consommation, mais au contraire l'occasion d'inviter chacun à exercer son sens des responsabilités, à connaître sa capacité et à pratiquer la tempérance hors de laquelle, quelle que soit son activité, l'homme s'avilit et prend le risque d'attenter à la dignité voire à la vie d'autrui.

Dans toute la chaîne longue et périlleuse qui va de la plantation de la vigne jusqu'à l'acte de boire le vin, toutes les interventions humaines sont marquées au sceau de la vulnérabilité et de la liberté. La prise calculée de risque est le seul moyen pour le vigneron de réussir un bon vin, à plus forte raison un très grand. L'équilibre entre doux abandon et maîtrise des pulsions doit être trouvé dans la conduite de la vigne (mode de plantation, taille, travail du sol, etc.), dans la conduite des fermentations à la cuverie, dans celle de l'élevage en cave. Même discernement nécessaire pour l'amateur qui doit choisir le bon moment pour déboucher une bouteille précieuse et entourer de soins sa dégustation. De sa gestation à son ingestion, le vin invite à choisir le bon moment : ni trop tôt, ni trop tard, ni trop, ni trop peu. Il est une image du bon gouvernement de soi-même et de la société.

Tous les textes anciens célèbrent les mérites du vin, mais aussi préviennent les hommes de ses dangers.

Consommé sans retenue, il entraîne des effets dévastateurs sur les pensées et sur les actes des buveurs. L'islam, religion de précaution et de fort encadrement, a préféré éviter le risque et a choisi l'interdiction pure et simple... en ce bas monde, promettant aux justes un fleuve de vin au paradis d'Allah. C'est aussi le choix des gouvernements prohibitionnistes de certains pays protestants au XIXe et au XXe siècle. L'expérience démontre que la prohibition ne résout rien et qu'au contraire elle encourage la transgression, l'ivresse rapide et, finalement, l'addiction alcoolique. C'est un débat qui doit avoir lieu en France, pays qui a joué un rôle essentiel dans l'histoire de la viticulture de qualité et dont les savoir-faire ont essaimé dans le monde entier. Alors que le repas gastronomique des Français a été reconnu par l'Unesco comme un élément du patrimoine immatériel de l'humanité, repas qui associe des vins divers aux mets qui le composent, il n'est pas admissible que le vin soit considéré par la loi comme une simple boisson alcoolisée et donc dangereuse. Il n'est pas raisonnable d'interdire de parler du vin à la radio et à la télévision. Les Français et l'humanité tout entière doivent être éduqués à la modération et à la responsabilité dans la consommation du bon vin, source d'optimisme et occasion de dialogue, merveilleuse introduction à la complexité et à la subtilité des réalités visibles et invisibles.

Cristina Kirchner, présidente de la République d'Argentine, a signé un décret le 24 novembre 2010 proclamant que le vin est la boisson nationale de son pays et que « la viniculture n'est pas seulement une activité économique, elle est aussi liée à l'identité et à la culture du peuple argentin ». Pendant ce temps, la France est sévèrement encadrée depuis 1991 par l'archaïque et frileuse loi Evin et la proposition de loi déposée le 4 avril 2011 par le sénateur de l'Aude Roland Courteau a de bonnes chances de s'enliser dans les marécages de la période électorale. Elle ne comporte qu'un court article destiné à orner le code rural : « Le vin, produit de la vigne, fait partie du patrimoine culturel et gastronomique protégé en France. » Quand reverrons-nous un ministre de l'Éducation nationale signer comme son prédécesseur le ministre de l'Instruction publique Marius Roustan, par ailleurs sénateur de l'Hérault, une lettre adressée à tous les recteurs afin qu'ils la diffusent à tous les instituteurs et professeurs de France. Elle est datée du 3 août 1931[1], au lendemain de la création des appellations d'origine contrôlées (AOC) : « la propagande en faveur du vin [...] est non seulement organisée, mais encouragée par le gouvernement. [...] Les vins de France [...] sont, à la fois, une des sources de richesses les plus admirables de notre terre généreuse, mais aussi une de nos gloires les plus incontestées. Il y aurait donc quelque chose de contradictoire, d'inadmissible dans le fait que ceux qui ont la charge de l'éducation nationale, ou bien s'opposeraient à cette action concertée en vue de l'intérêt général, ou bien resteraient indifférents aux appels qui leur seraient adressés pour y concourir. Je trouverais pour ma part fâcheux que l'on condamnât comme livre de dictées et de lectures le recueil de morceaux

1. Archives nationales, F17 16007 ou F10 (agriculture), liasses 5383 et 5384. Comité national de propagande en faveur du vin.

choisis fort intéressants publié sous le titre *Le Vin.* » Il y développe une idée que de nombreux médecins français, y compris membres actuels de notre compagnie, soutiennent, me semble-t-il : « Rien ne vaut mieux pour combattre l'alcoolisme, que d'encourager l'usage modéré du vin, car ceux qui font du vin leur boisson quotidienne échappent à l'invincible besoin de le remplacer par l'alcool[1]. » Et de conclure : « Contre l'alcoolisme destructeur vos efforts ne seront jamais assez énergiques : la défense du vin fait partie de cette lutte indispensable. » On l'admettra, Marius Roustan était un homme d'État !

En 1957, Roland Barthes dira à peu près la même chose : « Le vin est senti par la nation française comme un bien qui lui est propre, au même titre que ses trois cent soixante espèces de fromages et sa culture. C'est une boisson totem [...]. Croire au vin est un acte collectif contraignant[2]. »

LE TERROIR, BEL AVENIR DU VIN ET DE LA MONDIALISATION

Produire du bon vin exige de maîtriser aussi finement que possible l'environnement, c'est-à-dire ce qu'il est convenu d'appeler le terroir. On pense d'abord

1. Phrase empruntée à J.-L. Faure, Membre de l'Académie de médecine.
2. R. Barthes, *Mythologies*, Paris, Seuil, 1957, p. 58.

au sol et au sous-sol, au climat et au temps météorologique du millésime, à la disponibilité hydrique, à la vie microbiologique du sol et de l'air ambiant, mais aussi bien sûr à cette plante fantasque qu'est *vitis vinifera* et à son cortège de levures si différentes d'un terroir à l'autre. Il faut y ajouter l'accumulation des connaissances au fil des siècles, les innovations techniques récentes, la personnalité du vigneron et les attentes des acheteurs. Cela fait beaucoup et cela aboutit à une infinie diversité de vins, y compris au sein même des aires d'appellation définies par la réglementation. Les climats de Bourgogne en offrent une magnifique illustration : plus de 80 propriétaires sur les 50 hectares du Clos de Vougeot, autant de vins différents dans chaque millésime !

Récemment en visite à Paris, le président de la République des Maldives, qui s'inquiète de l'évolution en cours des climats, a déclaré[1] : « On ne négocie pas avec la nature ! » Justement si, et la viticulture le démontre tous les jours.

On touche ici à l'une des plus belles relations entre le vin et la condition humaine : la biodiversité culturelle. Nous sommes tous des *Homo sapiens*, mais même les jumeaux homozygotes (ils ont leur équivalent en viticulture, ce sont les plants clonés) développent avec l'âge des caractères physiques et psychologiques différenciés. La vie se ramifie à l'infini ; une viticulture respectueuse de la vie crée des

1. Cité par Nathalie Kosciusko-Morizet et Alain Juppé, « Il faut éviter un échec à la conférence de Durban. Les propositions de la France sur le climat », *Le Monde*, jeudi 8 décembre 2011.

vins toujours plus différents et nuancés. D'aucuns s'en désolent et pensent que le marché mondial a besoin de produits simples rassemblés en troupeaux sous des marques facilement reconnaissables. D'où le succès des vins de cépages et de marques ou des vins d'appellation d'origine qui parviennent à se ressembler tant ils sont exagérés dans leur couleur, leur puissance et leur goût. D'autres productions expriment la même tendance : le vêtement, le tourisme sur catalogue, les services financiers. Ce n'est pas, me semble-t-il, l'avenir souhaitable de l'économie et, de manière plus générale, de la vie humaine sur terre. Vivre de manière responsable et profitable la mondialisation, c'est multiplier les échanges de biens et de services différenciés et ressemblant à leurs producteurs.

Le bon vin, c'est donc celui qui exprime le génie du lieu d'où il provient. Il est facile de constater le succès actuel des vins relevant de cette famille. Certains sont commercialisés à des prix déraisonnables, par exemple les grands bordeaux ou les grands bourgognes d'ancienne réputation, mais aussi certains vins de garage méconnus jusqu'à une date récente et qui bénéficient d'une prime à la rareté, à l'originalité du style, au caractère affirmé du vigneron. Le vin démontre que la loi des économies d'échelle a fait long feu et que la segmentation intelligente de la production et de la commercialisation répond à un besoin de plus en plus clairement exprimé. C'est le seul moyen de tirer un parti utile de la mondialisation qui angoisse tant nos contemporains sous toutes les latitudes. Rien n'est plus émouvant pour un amateur éclairé que d'ouvrir une bouteille d'un vieux millésime dont le caractère est unique car elle a vécu sa vie propre, un peu différente de sa voisine d'apparence identique au départ. Le monde entier aspire à la diversité partagée.

LE VIN AU CŒUR DU DIALOGUE DES CIVILISATIONS

L'expansion mondiale de la culture occidentale, d'essence chrétienne, au cours des cinq derniers siècles, a permis la diffusion de la viticulture partout où cela est possible, mais aussi du goût du vin, à l'exception des pays musulmans. Encore faudrait-il nuancer, tant les vins du Maroc ou de Tunisie ont récemment progressé en qualité. De nombreux peuples ont appris à connaître et à aimer le vin. Au cours de ces dernières décennies, ce sont les pays non producteurs de l'Europe et de l'Amérique du Nord (Scandinavie, Russie, Canada), le Japon, la Corée, Singapour et, désormais, la Chine, l'Inde et bien d'autres pays. L'ouverture de bars à vin, d'écoles de sommellerie et de dégustation, l'explosion éditoriale dans tous ces pays va de pair avec l'émergence d'une proportion non négligeable de la population qui connaît les vins, les producteurs, les millésimes et demande le meilleur que ses moyens lui permettent de s'offrir. Les domaines les plus réputés de France et d'Europe exportent la plus grande partie de leur production. Il ne faut le regretter ni pour notre balance commerciale ni pour le dialogue interculturel qu'ils permettent. Boire du vin ensemble aujourd'hui, moderne avatar du symposium grec, c'est entrer en communion et c'est la meilleure garantie d'une paix durable entre les peuples qui apprennent ainsi à mieux se connaître et s'apprécier.

Je suppose que la date de cette intervention que j'ai proposée à notre président a été choisie en raison de la proximité des fêtes de fin d'année. Il est vrai qu'en cette période, les Français boivent un peu plus de vin que d'habitude, sinon que de raison, parce que le superflu est une chose très nécessaire comme le dit Voltaire dans *Le Mondain*. En tout cas, merci de votre patience et d'avoir accepté l'idée que la science du vin n'est pas seulement physique, chimique et biologique, mais aussi morale et politique et même davantage encore, puisque le vin, j'ai tenté de vous le montrer, est une véritable métaphore de la condition humaine, en plus d'être de la « géographie liquide », comme aime à le répéter Erik Orsenna.

La géographie, une science morale et politique

Intervention à l'Académie, le lundi 19 mai 2014

Comme notre confrère Jean-Claude Casanova l'a rappelé dans le préambule à la notice que j'avais lue en ces murs sur la vie et l'œuvre de mon prédécesseur Pierre George, la géographie est présente au sein de l'Académie royale des sciences depuis 1730, année de l'entrée en son sein, avec le modeste titre d'adjoint, de Philippe Buache, premier géographe du roi, chargé d'exécuter les cartes de ses armées. C'était le temps où la géographie servait d'abord à faire la guerre, ainsi qu'Yves Lacoste l'a écrit en 1976 dans un essai retentissant[1]. Conformément à son étymologie (l'écriture de la terre), la discipline était essentiellement descriptive. Elle était alors enseignée dans les collèges de jésuites par les professeurs qui avaient aussi l'histoire en charge.

Il y a donc plus de deux siècles en France, vingt-cinq siècles en Grèce si l'on remonte à Hérodote,

1. Y. Lacoste, *La géographie, ça sert, d'abord, à faire la guerre*, Paris, Maspero, 1976 ; rééd. Paris, La Découverte, 2012.

que la géographie avance en symphonie avec l'histoire, comme dans l'intitulé de notre section, et il est éminemment souhaitable que cette complicité se poursuive, s'approfondisse, se débarrasse de certains préjugés qui voudraient de part et d'autre qu'une discipline soit l'auxiliaire de l'autre, tant il est vrai qu'il n'existe pas de sciences auxiliaires, puisque le réel est un et que le savoir doit tendre à l'être, même si c'est devenu une gageüre. Paul Vidal de La Blache et Lucien Febvre sont sans doute les membres de notre Académie qui sont allés le plus loin dans la réflexion sur la nécessité de la coopération intense entre la géographie et l'histoire. Certes, Lucien Febvre est avant tout un grand historien, mais il s'est toute sa vie intéressé à la géographie. Dans sa leçon inaugurale au Collège de France en 1933, il réfutait l'idée de Fustel de Coulanges qu'il jugeait mutilante selon laquelle « l'histoire se fait avec des textes », et voulait plutôt faire entrer dans sa discipline « le ciel et les eaux, les villages et les bois, toute la nature vivante », c'est-à-dire beaucoup de géographie. Il exprimait ainsi d'une autre manière ce que Michelet écrivait au début de son *Tableau de la France* : « L'histoire est d'abord toute géographique[1] » ou Élisée Reclus qui disait que la géographie c'est l'histoire dans l'espace et l'histoire, c'est la géographie dans le temps.

Toute une école géographique dont le chef de file a été Roger Dion a choisi de ne pas se séparer de l'histoire. Parmi eux, je citerai mon maître Xavier

1. J. Michelet, *Tableau de la France* (1893), Paris, Équateurs, 2011.

de Planhol, mais aussi Pierre Flatrès ou Pierre Brunet. Dans sa leçon inaugurale au Collège de France, le 4 décembre 1948, Roger Dion proclamait les vertus de ce qu'il appelait, mieux que la géographie historique, la « géographie rétrospective », c'est-à-dire le regard géographique porté sur le passé et la reconstitution des processus qui ont permis les situations actuelles : « Il ne serait pas inutile que [...] les études géographiques rétrospectives fussent clairement désignées sur les programmes, car l'omission qu'on en fait peut être interprétée comme un acquiescement donné à ceux qui, oubliant leur dette envers Vidal de La Blache, voudraient que la géographie fût présentée aux étudiants de nos universités comme naturellement indifférente au passé. » Par ailleurs, nous devons à Roger Dion d'avoir été le chantre inspiré de la volonté et de la liberté humaine dans l'analyse des réalités géographiques (les paysages ligériens ou la vigne et le vin, en particulier).

OBJET DE LA GÉOGRAPHIE ET BREF HISTORIQUE DE SA PLACE EN FRANCE

La géographie s'intéresse à l'espace et au territoire qui sont des aspects fondamentaux de la réalité terrestre. Elle étudie les localisations, les répartitions et les frontières qui limitent les objets naturels et les artefacts, les êtres, les idées et les représentations quels qu'ils soient. L'ensemble est mobile dans le temps.

La géographie est la seule à répondre à la question : pourquoi ici et non là ? Autres temps, autres mœurs disent les historiens ; autres lieux, autres mœurs disent les géographes. Je rappelle à ce propos que le mot « alias » désigne en latin classique aussi bien « un autre moment » qu'« ailleurs » ; il sert donc autant l'histoire que la géographie.

L'école des Annales a ouvert avec bonheur les horizons de l'histoire sur la vie quotidienne des humbles, les subsistances, les maladies et la mort, les représentations en général, mais hélas, elle a laissé progressivement dans l'ombre les localisations, les différences spatiales, les répartitions, les lieux, ce dernier concept méritant même aujourd'hui une réhabilitation chez les géographes qui l'estiment souvent trop flou et poétique, ce qui pour moi n'est en rien gênant.

Lorsque l'Institut de France fut créé en 1795, une section de la deuxième classe prend le nom de « géographie et navigation ». Elle compte parmi ses membres le célèbre marin Louis Antoine de Bougainville, mais aussi déjà le diplomate originaire du Wurtemberg Charles-Frédéric Reinhard qui rejoindra la 5ᵉ section de l'Académie des sciences morales et politiques, recréée par Louis-Philippe en 1832. Rappelons qu'à cette époque cette section se nomme « histoire générale et philosophique » et que la géographie n'est pas mentionnée dans son intitulé, en dépit de la présence en son sein de Reinhard dont l'œuvre écrite est, il est vrai, modeste. Il faudra attendre le 9 juin 1934 pour qu'elle prenne le nom d'« histoire et géographie », alors qu'ont déjà été élus en son sein Jules Michelet en 1838, auteur en 1833 du flamboyant *Tableau de la France* qui fait de lui un géographe dans l'âme sinon en titre, Paul Vidal de La Blache, premier géographe universitaire patenté de France, en 1906, et Jean Brunhes en 1927. Ces quelques faits résument le singulier destin d'une discipline qui a longtemps peiné à exister. Nos confrères de l'Académie des sciences ont parfois élu des géographes parmi eux. Je pense en particulier à mon prédécesseur à la Société de géographie, Alexandre de Humboldt, qui avait aussi d'autres cordes à son arc. Le dernier fut Emmanuel de Martonne en 1942 ; il décède en 1955 et ne sera pas remplacé par un géographe. La section « géographie et navigation » dans laquelle il siégeait fut supprimée lors de la réforme de 1975-1976 et, depuis, plus aucun géographe ne fut élu au sein de cette académie.

La communauté des géographes français a plus mal vécu qu'elle ne l'a dit d'être exclue des sciences de la vie et de la terre. Frustrée de ne pas être prise assez au sérieux, c'est sans doute ce qui explique l'enthousiasme quelque peu pontifiant et surtout très intolérant de certains de ses membres dans les dernières décennies du XXe siècle, d'une part pour une sèche épistémologie de la discipline, d'autre part pour la modélisation et les méthodes quantitatives, enfin pour les néologismes jargonnants. D'un seul coup, le terrain, c'est-à-dire l'observation pragmatique et empirique du réel, était devenu vulgaire et simpliste, puisque seuls les invariants et les régularités méritaient attention et explications. Le géographe nazi, devenu marxiste, Walter Christaller, a enthousiasmé une grande partie de la communauté géographique avec sa théorie des lieux centraux qui visait à comprendre puis à organiser la hiérarchie des villes selon des principes mathématiques.

Cette dérive dont Roger Brunet, père des chorèmes – ces figures élémentaires de l'organisation spatiale –, s'est fait le théoricien, fait penser à cet avocat que Max Gallo met en scène dans l'un de ses romans et qui refuse de se rendre sur les lieux d'une affaire qu'il doit plaider, de même qu'aux reconstitutions : « Parfois, d'un ton las, il leur répétait que tout n'était qu'abstraction, que le réel était d'abord de la pensée, que tout se réduisait à des signes ou à des mots, que les objets, les actes et même les hommes n'étaient que prétextes à faire naître ou incarner des signes. Il montrait l'échiquier sur l'écran, disait [...] : “voilà le monde réel, le seul univers, le reste est accessoire”[1]. » Suicidaire attitude, on en conviendra, dont la géographie va, je l'espère, se remettre, mais après avoir perdu beaucoup d'énergie et d'aura au sein de l'opinion publique et dans l'enseignement secondaire, puisqu'elle a délibérément cessé de faire rêver et qu'elle a désenchanté le monde en niant tout ce que sa marche doit à la liberté humaine, tant individuelle que collective. Certes, le magazine *Géo* tire à 250 000 exemplaires (contre 80 000 pour *Historia* et 50 000 pour *L'Histoire*) et il compte 4,2 millions de lecteurs, mais il n'est hélas que très partiellement géographique et pour faire rêver, il doit multiplier les photographies insolites, tout comme le fait Yann Arthus-Bertrand, sans l'écologisme de ce dernier, toutefois.

1. Max Gallo, *La Fontaine des Innocents*, Paris, Livre de Poche, 1992, p. 133.

Les écoliers, collégiens et lycéens du XIXe siècle et de la première moitié du XXe raffolaient des nomenclatures concernant les hauteurs de montagnes, les longueurs de fleuves, les superficies et populations des pays, le volume de leurs productions, la liste des départements et de leurs préfectures et sous-préfectures[1]. Ils découvraient le vaste monde et les atlas les faisaient rêver, tout comme les cartonnages illustrés de Jules Verne ou *Le Tour de France par deux enfants* d'Augustine Fouillée dite G. Bruno, publié en 1877, suivis peu après des premiers magazines illustrés de photos, tel *L'Illustration* à partir de 1891. Les adultes cultivés se plongeaient avec délices dans la *Géographie universelle* d'Élisée Reclus, sans d'ailleurs en percevoir toujours clairement ce qu'elle contenait d'engagement politique de son auteur. Ma propre enfance sans télévision a été baignée du parfum aventureux et très géographique des albums de Tintin auxquels je dois sans doute en partie ma vocation. Sans transition, toute une partie de la géographie est passée à une conceptualisation extrême qui ne présenterait d'intérêt que si elle s'appuyait sur une vaste culture concrète, perceptible grâce à des exemples, et qu'elle apportait des clés d'explication commodes aux situations réelles. Dans le même temps, l'histoire a conservé une expression souvent plus claire et attrayante, fondée sur des sources précises et des faits. Par ailleurs, elle suscite de la curiosité et fait rêver dans la mesure où elle évoque un passé à jamais révolu, tout comme l'archéologie,

1. Collectif, *Auriez-vous brillé en géographie au certificat d'études ?*, Paris, Larousse, 2014.

tandis que nos contemporains ont l'impression de ne plus rien avoir à découvrir de cette planète, tant elle est photographiée et filmée sous toutes ses coutures, jusque dans ses replis les plus inaccessibles.

La géographie joue donc parfois les arrogantes tout en se cachant paradoxalement comme une timide violette dans le concert des sciences, singulièrement celui des humanités. J'aimerais dire pourquoi elle gagnerait à s'exposer davantage au grand jour et, surtout, pourquoi l'humanité gagnerait beaucoup à approfondir sa culture géographique.

LA GÉOGRAPHIE, SCIENCE DE L'ENVIRONNEMENT DES HOMMES

En tout premier lieu, la géographie est indispensable aux autres sciences naturelles et humaines en ce qu'elle est l'une des rares (avec l'anthropologie) à ne pas les séparer, ce qui revient à dire que les unes sont orphelines sans les autres. Pour éviter la récupération du mot « environnement » par des idéologues en nostalgie de religion, ce mot polysémique ne devrait pas s'employer autrement que devant l'expression « du genre humain » ou bien, puisque le mot « genre » a, lui aussi, récemment étendu sa polysémie, « de l'humanité ». On peut aussi utiliser le mot de « milieu » qu'Augustin Berque a contribué à enrichir en France en créant le néologisme « médiance », qui désigne la relation entre une société et son environnement. C'est la traduction du concept japonais de *fûdo* emprunté au philosophe Tetsuro Watsuji (1889-1960). Il devrait aussi toujours être employé en compagnie du mot « responsabilité », qui implique la prise de risque calculée et la liberté, des attributs de l'homme qui rendent la vie digne d'être vécue et la terre passionnante à habiter. Il n'existe pas de hiatus entre les éléments abiotiques et biotiques de la planète et, à l'intérieur du vivant, entre flore, faune et humanité. En d'autres termes, il n'est pas raisonnable de séparer les sciences de l'univers, de la terre, de la vie et de l'homme, les premières s'étant longtemps qualifiées d'exactes, à la différence des dernières. En réalité, aucune n'est exacte. Le flou, le mouvant, l'imprévisible font partie de la réalité terrestre et de la condition humaine.

L'humanité dispose d'une capacité de plus en plus grande à utiliser à son service le règne minéral, végétal et animal, mais ses ignorances, ses imprudences ou ses tentations prométhéennes expliquent des choix qui mettent en péril sa propre existence à plus ou moins long terme. Seules les connaissances géographiques permettent de transformer la terre de manière harmonieuse et de la conduire de manière aussi durable que possible, bien que ce concept de durabilité, si ressassé aujourd'hui, soit plus que contestable. À mesure que la géographie se construit, elle met de plus en plus en doute la détermination des actions humaines par l'environnement. Elle ne nie pas l'influence de celui-ci, mais elle observe le déploiement d'imagination des sociétés au cours de leur histoire pour le connaître, le maîtriser, en tirer profit, et le transformer, parfois radicalement.

C'est la raison pour laquelle les géographes, au moins depuis Vidal de La Blache et Lucien Febvre, les inventeurs du « possibilisme », sont totalement en opposition avec la théorie des climats, déterminisme qui est une affligeante constante de la pensée occidentale depuis Aristote, Vitruve, Ibn Khaldoun, Boileau, Montesquieu. On ne peut adhérer aux propos de ce dernier : « Ce sont les différents besoins dans les différents climats, qui ont formé les différentes manières de vivre ; et ces différentes manières de vivre ont formé les différentes sortes de lois[1]. » Et encore moins à ceux de Hegel : « L'homme utilise la nature pour ses fins, mais là où elle est trop puissante, elle ne se laisse pas réduire à l'état de moyen. La zone chaude et la zone froide ne sont donc pas le théâtre de l'histoire universelle. Sur ce plan, l'esprit libre a rejeté ces extrêmes. En somme, c'est la zone tempérée qui a servi de théâtre pour le spectacle de l'histoire universelle. Parmi les zones tempérées, c'est à son tour la zone nordique qui est la seule à remplir ce rôle[2]… » Friedrich Ratzel, l'un des maîtres de la géographie allemande, professait encore dans les années 1880 que « Le sol […] règle les destinées des peuples avec une aveuglante brutalité. Un peuple doit vivre sur le sol qu'il a reçu du sort ; il doit y mourir, en subir la loi[3]. » Notons que cette croyance – car c'en est

1. C.-L. de Secondat Montesquieu, *L'Esprit des lois*, 3e partie, livre XIV, chap. x.

2. G. W. F. Hegel, *La Raison dans l'histoire*, IV, « Le fondement géographique de l'histoire universelle ».

3. Cité par Lucien Febvre, *La Terre et l'Évolution humaine. Introduction géographique à l'histoire*, Paris, La Renaissance du livre, 1922, p. 13-14.

une – est en totale contradiction avec le récit biblique de la Genèse qui a nourri le monde judéo-christiano-musulman : « Soyez féconds, multipliez, emplissez la terre et soumettez-la[1]. » Aujourd'hui, la théorie des climats connaît un regain de succès avec les tenants du « nouvel ordre écologique[2] », qui comptent dans leurs rangs des crédules, mais aussi hélas aussi des savants. Parmi eux se rencontrent même des juristes qui plaident pour un droit des animaux, des plantes, des nappes phréatiques, voire des couches géologiques auxquelles il faudrait épargner la fracturation, comme on l'entend à propos du gaz de schiste, alors que seul devrait s'imposer un Droit majuscule de l'humanité. Je m'en tiens donc au joli mot de Bernard Shaw que Lucien Febvre citait dans sa leçon inaugurale au Collège de France en 1933 : « L'homme raisonnable s'adapte lui-même au monde ; l'homme déraisonnable essaie d'adapter le monde à lui-même ; c'est pourquoi tout progrès dépend de l'homme déraisonnable[3]. »

Les prophètes de la décroissance ont enfourché depuis des années un cheval de bataille qui est parvenu à impressionner les médias, les décideurs politiques du monde entier et, par voie de conséquence, le

1. Genèse, I, 28.

2. Titre de l'ouvrage que Luc Ferry a publié chez Grasset en 1992.

3. J'en restitue une traduction plus conforme à la version anglaise : « The reasonable man adapts himself to the world : the unreasonable one persists in trying to adapt the world to himself. Therefore, all progress depends on the unreasonable man. » B. Shaw, *Man and Superman* (1903), Londres, Penguin, 1957, p. 260. Lucien Febvre avait forcé le trait en traduisant : « C'est pourquoi tous les progrès sont l'œuvre d'imbéciles ».

grand public. J'ai nommé le réchauffement climatique. Celui-ci n'est bien entendu pas un mythe, mais ses modalités, ses causes et ses conséquences possibles comportent encore bien des zones d'ombre. Ses spécialistes sont en général des physiciens de l'atmosphère. Hélas, les climatologues géographes – comme feu Marcel Leroux ou Martine Tabeaud – ont un peu de mal à faire entendre leur voix et à expliquer la nécessité des analyses spatiales localisées. Notre discipline, avec l'aide des historiens et des archéologues, doit faire comprendre que le climat a constamment changé et de manière souvent brutale au cours de toutes les périodes géologiques, et en particulier pendant le Quaternaire. Les sociétés humaines s'y sont toujours adaptées et de grandes civilisations sont nées et ont grandi sous toutes les latitudes, sous tous les climats et à toutes les altitudes, fort éloignés pour certaines des plaines des latitudes moyennes : dans le Croissant fertile, dans la vallée de l'Indus, au Cambodge, au Mexique, au Pérou, à Singapour, au Canada, en Scandinavie. Hegel serait fort étonné d'apprendre qu'aujourd'hui les puissances émergentes à forte croissance de la scène économique mondiale, ce groupe de pays que l'on nomme « Brics », comprend le Brésil, la Russie, l'Inde, la Chine et l'Afrique du Sud qui, pour l'essentiel, ne jouissent pas d'un climat tempéré. Pierre Gourou, le premier, a démontré le rôle de l'encadrement social dans l'émergence des grandes civilisations de l'Asie des moussons. Alain Peyrefitte a également bien montré qu'il n'est de richesse que d'hommes instruits et civilisés et que la réussite matérielle des sociétés tient plus à leur culture et à leur goût de vivre ensemble qu'aux dons de leur sol[1]. Le Japon nous en fournit un remarquable exemple.

Bodin est l'un des premiers à esquisser un raisonnement géographique possibiliste lorsqu'il écrit « combien la nourriture, les loix, les coutumes ont de puissance à changer la nature[2] », mais c'est Kant qui est le premier vrai géographe moderne[3]. Il ne voyagea guère, mais sut s'informer de la diversité du monde grâce aux informations qui lui parvenaient dans sa ville portuaire de Königsberg et, tout au long de sa carrière de professeur, il donna 48 cours de géographie, pour 54 de logique, 49 de métaphysique et 20 de physique. Malheureusement, il ne les publia pas et l'on doit se référer à des transcriptions effectuées par ses étudiants ou à quelques-uns de ses écrits. Il considère que la géographie décrit tout ce qui se trouve à la surface de la terre, l'homme y étant présenté comme susceptible de modifier son cadre de vie. Il la définit comme la « science de la différenciation régionale de l'écorce terrestre », ce qui est une formidable avancée conceptuelle qui fait de lui un père fondateur. Enfin, il s'intéresse davantage aux singularités qu'aux régularités, ce qui préfigure l'un des grands débats de la géographie contemporaine.

Il n'existe aucune fatalité. En ce début du XXIe siècle, les climats changent. Et alors ? Gouvernées de manière

1. Alain Peyrefitte, *Du « miracle » en économie*, Paris, Odile Jacob, 1995.

2. Cité par Lucien Febvre, *La Terre et l'Évolution humaine*, *op. cit.*, 1922, p. 3.

3. A. L. Sanguin, « Redécouvrir la pensée géographique de Kant », *Annales de géographie*, n° 576, 1994, p. 134-151.

éclairée, les sociétés humaines sont tout à fait capables de s'y adapter et en même temps d'économiser leurs ressources non renouvelables et d'en inventer d'autres. L'effet de serre inquiète, mais il a d'abord pour conséquence de diminuer les dépenses énergétiques dans les régions situées au nord du 40ᵉ parallèle, ce qui freine par là même le changement climatique. Non, le ciel n'est pas près de nous tomber sur la tête ; nous vivons mieux aujourd'hui à 7 milliards d'humains sur terre qu'à 3 il y a un demi-siècle. Malgré leurs difficultés, la Chine et l'Inde mangent désormais à leur faim, mais cette évidence est inaudible, hélas, en France. Les seuls pays ou régions du monde soumis à des disettes ou à des famines sont ceux qui subissent des régimes totalitaires, des situations de non-droit ou de guerre civile. Les horreurs que connaissent les habitants de l'Érythrée, du nord du Nigéria, de la Syrie, de la Corée du Nord n'ont aucun rapport avec leur climat. Les latitudes moyennes ont connu de pires horreurs au cours de leur histoire, y compris au XXᵉ siècle. La terre peut nourrir plusieurs milliards d'hommes supplémentaires. L'agronome Joseph Klatzmann l'écrivait déjà en 1975[1]. Nous en avons les moyens sans pour autant tuer la poule aux œufs d'or, mais à la condition d'une gouvernance éclairée.

Pour conclure sur ce point, la géographie, qui ne devrait jamais être coupée entre une approche physique et une approche humaine, observe les milieux – associations provisoires entre les sociétés et leur

1. J. Klatzmann, *Nourrir dix milliards d'hommes*, Paris, Puf, 1975.

environnement – à toutes les échelles. Elle les compare, en tire des enseignements et peut donner à l'aménagement de l'espace une efficacité, une sagesse, un esprit de justice qui le mettent vraiment au service des hommes, de leurs besoins matériels, mais aussi de leur art de vivre et de leur épanouissement spirituel. En cela, elle est pleinement une science morale et politique.

LA GÉOGRAPHIE AU SERVICE DE L'AMÉNAGEMENT DU TERRITOIRE ET DES PAYSAGES

Comme toutes les disciplines scientifiques, la géographie est applicable. Les géographes et cartographes du roi l'ont démontré en leur temps en établissant les cartes indispensables aux opérations militaires ou aux navigations. D'une certaine manière, Emmanuel de Martonne fut leur successeur en étant secrétaire du Comité d'études fondé par Aristide Briand en 1917 et en étant expert à la Conférence de la paix de 1919. C'est lui qui est l'auteur du tracé contestable de la frontière entre la Hongrie et la Roumanie qui a donné à cette dernière la Transylvanie en vertu du principe de viabilité économique. La géographie a été traversée d'un grand débat dans les années 1960 autour de cette question de l'application. Une majorité des universitaires et chercheurs jugeaient que ce n'était pas souhaitable, voire que c'était une dérive dangereuse. Je rappelle que Pierre George affirmait encore à la veille de sa disparition que le géographe devait être un notaire et seulement un notaire. Les pionniers de la géographie appliquée à la gestion de l'environnement, à l'aménagement du territoire et à l'urbanisme furent Michel Phlipponneau, Jacqueline Beaujeu-Garnier, Jean Bastié, Jean Tricart, Raymond Dugrand, François Doumenge, Étienne Juillard, etc. Aujourd'hui, les diplômés de géographie sont parmi ceux qui trouvent le plus facilement une insertion professionnelle à l'issue de leurs études, surtout s'ils ont suivi des cursus de géographie appliquée comportant des stages obligatoires.

Le territoire est un concept majeur de la géographie, comme d'ailleurs de l'éthologie, de la science politique ou de certains arts, comme l'architecture. Il désigne l'espace approprié, celui dans lequel une personne ou un groupe social se sent chez lui, en confiance, en intimité affective avec son cadre de vie. Le paysage en est la traduction perceptible par les sens et par les sentiments. Il est réussi et beau lorsqu'il correspond aux attentes de ses usagers principaux, c'est-à-dire de ceux qui l'habitent, le modèlent à leur manière en permanence, y vivent au quotidien. Lorsqu'elle existe, cette harmonie est très perceptible par les visiteurs d'un moment. C'est le cas des paysages agraires bien peignés, ceux des rizières, ceux des vignobles, ceux des vergers ou des plantations de thé. C'est aussi le cas des paysages urbains issus de la volonté, non d'un seul homme, prince ou urbaniste, mais d'une société. Ainsi en est-il des espaces urbanisés du Japon, peu attrayants, voire inquiétants, lorsqu'ils sont vus de haut par un étranger, mais dont on perçoit rapidement au sol à quel point ils deviennent chaleureux et expriment la sociabilité nipponne. Hélas, le hiatus s'agrandit dans beaucoup d'espaces du monde entre les paysages et leurs habitants ; cela principalement en raison d'une confiscation de ces paysages par un seul décideur ou un petit groupe d'hommes : un acteur politique désireux de laisser une trace visible de son passage sur terre et qui se lance dans une politique de grands travaux pharaoniques, un architecte ou un urbaniste persuadé de l'immensité de son talent, un ingénieur habité par les techniques qu'il maîtrise et dont il veut affirmer l'originalité ou, pire encore, un idéologue conjuguant toutes ces dérives et voulant faire naître l'homme nouveau qui devra se mouler dans un cadre idéal pour adhérer au projet du prince ou du parti. Les régimes totalitaires du XXe siècle ont donné maints exemples de cette dérive utopique fâcheuse, de cette volonté d'organiser l'espace, non pour les hommes tels qu'ils sont, mais tels qu'on voudrait qu'ils soient, de leur imposer le paradis sur terre. L'un des exemples les plus parlants est celui de la *Charte d'Athènes* de Le Corbusier, rédigée en 1933 sur un luxueux yacht et publiée en pleine guerre, en 1941, avec une étonnante préface de Jean Giraudoux. Ce texte a largement inspiré l'urbanisme sans urbanité de la deuxième moitié du XXe siècle.

Une géographie pragmatique, en revanche, est à même d'expliquer ce divorce et de suggérer des solutions respectueuses de la diversité des situations, des environnements, des cultures, des aspirations des groupes sociaux, du génie des lieux. Elle ne peut se substituer aux décideurs politiques, en dernier ressort seuls responsables du paysage, mais elle peut utilement les conseiller en leur évitant l'écueil de la technocratie, de la personnalisation abusive, de l'effet de mode. Elle peut attirer leur attention sur le sens des responsabilités qui doit animer chaque acteur ou groupe d'acteurs du paysage et, plus largement, de l'espace habité, de l'écoumène.

LA MONDIALISATION AU SERVICE DU LOCAL

François Perroux semble être l'inventeur du substantif « mondialisation » dans son livre *L'Économie du XXe siècle*[1]. Il va beaucoup plus loin que l'économie-monde de Fernand Braudel. Depuis les chocs pétroliers des années 1970, le concept a fait florès, a envahi la littérature et les médias et beaucoup en ont fait à la fois un facteur et une conséquence de tout ce qui se passe de bien et surtout de mal dans la vie économique. C'est le fond de la pensée d'Immanuel Wallerstein, propagateur de l'idée de système-monde à partir de 1974, aux racines de ce qui est devenu depuis l'altermondialisme. La plupart des géographes sont parvenus à la conviction qu'en réalité la mondialisation n'est ni bonne ni mauvaise intrinsèquement. C'est un peu comme l'argent. Tout dépend de l'usage que l'on en fait. Elle fait peur, car il se dit et s'écrit

1. F. Perroux, *L'Économie du XXe siècle*, Paris, Puf, 1961.

souvent qu'elle vise à abolir les différences et uniformiser le monde et ses habitants, à écraser les faibles au profit des puissants et du grand capital désincarné. C'est en effet une dérive possible, mais aucunement une fatalité.

N'oublions pas qu'aucun système social, politique, paysager universel n'a jamais pu voir durablement le jour. Les civilisations sont par nature mortelles et celles qui prétendaient durer mille ans se sont effondrées faute d'avoir respecté les hommes réels dans leur diversité. Le XXe siècle est à cet égard riche de tragédies et d'enseignements. Certaines techniques, certains objets, certains usages peuvent être répandus sur toute la surface de la terre ou presque (CNN, le dollar, le jeans en denim, le Coca-cola, le *basic english*, l'idéologie du « politiquement correct », etc.), il n'en résulte pas pour autant que les sociétés et leurs expressions sont uniformisées ou en passe de l'être. Au contraire, plus elles sont confrontées aux échanges, plus elles développent des particularismes et, pour peu qu'elles éprouvent l'impression d'être forcées, ceux-ci s'exacerbent et prennent des formes de résistance, y compris armée. C'est au XIXe siècle, à l'heure de l'achèvement de l'unité nationale française, que les maisons, les vêtements, les nourritures ont revêtu la plus grande diversité régionale. C'est à cette époque que le Félibrige, sous l'impulsion de Frédéric Mistral, réinvente le provençal. Le breton fait l'objet de la même attention grâce à Villemarqué. C'est au moment où se consolide l'Europe que les nationalismes eurosceptiques relèvent la tête, mais aussi les mouvements autonomistes régionaux : en Flandre belge, en Irlande du Nord, au Pays basque espagnol, en Catalogne, en Corse, dans certaines provinces du nord de l'Italie. On voit renaître des particularismes ethniques que l'on croyait à jamais révolus au sein des pays africains nés de la décolonisation. Faute d'une ferme gouvernance et d'éducation des populations, ils engendrent malheureusement des régressions et des guerres civiles effroyables.

Qu'enseigne une géographie qui se veut au service des hommes ? Que la biodiversité est une réalité qui concerne les végétaux et les animaux, mais également transposable à l'ensemble des réalités anthropiques. L'organisation de l'espace ne connaît jamais aucun repos ; elle est sans cesse en recomposition. Les phénomènes relevant de la nature ou bien de la culture, c'est-à-dire de la liberté humaine, apparaissent, progressent, puis diminuent et disparaissent. Il en naît autant qu'il en meurt. C'est ainsi que certaines plantes ou certains animaux sont apparus, puis ont disparu bien avant l'intervention humaine. L'homme est responsable d'un certain nombre de raréfactions ou de disparitions dans la biosphère, mais grâce aux croisements et à la maîtrise de la génétique, il est aussi le créateur de très nombreuses nouvelles variétés et espèces. Ainsi en va-t-il des cultures et de leurs traductions multiples. Les cultures créoles, afro-américaines, québécoise, israélienne, philippine, constituent, entre mille autres, des créations originales nées des grandes navigations et de l'expansion des Européens, des phénomènes de diaspora et du fantastique imaginaire des hommes. Les cultures antérieures connurent une genèse plus lente et progressive du fait des anciens modes de déplacement (à pied, à cheval, en pirogue), mais avec des moments remarquables d'accélération et de diffusion sur de vastes espaces, comme les épopées romaine, mongole, viking ou arabo-musulmane. La géodiversité ne se réduira jamais, ou alors c'est que la vie et même les pulsations terrestres (des plaques tectoniques, des eaux, des airs) auront cessé sur notre planète.

Admettre cette réalité aveuglante, de préférence aux constructions intellectuelles simplistes, oblige à faire preuve de pragmatisme, de respect des ethnies, des identités, des préférences culturelles des sociétés. Il faut chercher à comprendre pourquoi se durcissent les fondamentalismes religieux dans certains pays et non dans d'autres, quels sont les ressorts de la montée en puissance des pays émergents (Brics), ou, sur des thématiques plus légères, les raisons pour lesquelles on aime beaucoup le vert en Allemagne, le rouge en Italie et le bleu en France – sujets qui passionnent Michel Pastoureau –, et pourquoi le goût sucré progresse partout dans le monde alors que l'amertume se maintient dans les saveurs méditerranéennes.

On objectera que se laisser guider par ces réalités mouvantes et que d'aucuns jugeront futiles ouvre la porte à tous les excès, à la cacophonie, à l'exaltation des sentiments minoritaires. Non, tel n'est pas le cas si le bon gouvernement prône la recherche du *modus vivendi* et non le repli frileux sur un pré carré toujours plus petit et donc, en fin de compte, sur l'individualisme. L'homme reste un animal social. L'expression de la personnalité individuelle ou sociale ne présente d'intérêt que si elle s'enrichit de celle des autres et si elle est avide d'échanges. Alors le peu glorieux droit à la différence laisse place à un devoir de différence partagée auquel invite la culture géographique. On voit toutes les applications possibles d'une telle optique : en droit, en politique intérieure et internationale, en aménagement du territoire, en économie, dans la sphère culturelle, etc. Montaigne l'avait bien perçu : « S'il est vrai que le mélange est mal sortable à la stabilité d'un royaume et à la révérence envers Dieu, une mosaïque de cités indépendantes ayant chacune sa confession particulière peut contribuer de manière efficace à la paix des nations et à l'élévation spirituelle des sujets. Tant le principe de variété est inscrit profondément dans l'humaine créance, comme il l'est du reste dans l'ordre admirable et parfois déconcertant de la nature[1]. »

C'est la raison pour laquelle il est vain d'opposer le local au global. Le « terroir » est un vieux concept éminemment géographique qui passe volontiers pour archaïsant et empreint de regret du passé, mais qui mérite pourtant d'être revisité et de sortir de son acception purement agricole et agro-alimentaire pour gagner toute la vie économique et culturelle. La mondialisation est une chance à saisir car elle facilite les échanges entre les peuples. Or, ceux-ci ne peuvent se révéler passionnants et fructueux que si la diversité demeure aussi grande et évolutive que possible

1. M. de Montaigne, *Journal de voyage*, éd. établie par François Rigolot, Paris, Puf, 1992, p. 23-24. Cité par Frank Lestringant, *Une sainte horreur ou le voyage en Eucharistie.* XVIe-XVIIIe *siècles*, Paris, Puf, 1996, p. 255.

à la surface de la terre. Cela s'applique particulièrement au domaine du vin ; on pourrait appliquer cette idée à l'industrie (l'automobile, la construction, l'agro-alimentaire, etc.) ou à des services comme le tourisme ou même la finance. La banque « à la française » est fort différente de la banque « à la suisse », « à l'américaine », « à l'arabo-musulmane » ou « à la japonaise ».

Pour parvenir à cette généralisation de la différence partagée pour laquelle je plaide, il faut un monde en paix et dans lequel circulent avec facilité les personnes, les biens, l'argent, les idées. C'est l'intérêt des organisations internationales que l'on fustige souvent pour leur caractère bureaucratique, leurs dépenses excessives, leurs hésitations. Leur existence est pourtant très supérieure à leur absence et leurs multiples réunions permettent rencontres et dialogues qui valent toujours mieux que l'enfermement et l'invective. Nous sommes condamnés à les faire vivre et à en améliorer le fonctionnement ou, sinon, à revenir à la loi du plus fort et à celle du talion. Citons l'Onu et ses agences spécialisées, les G8 et G20, l'Union européenne (65 ans de paix parmi ses premiers membres, après tant de sang versé), le Mercosur, l'ASEAN, les tribunaux internationaux, le Comité international olympique, le Bureau international des expositions, la Conférence mondiale des religions pour la paix, les salons et festivals internationaux (économiques, du livre, de musique, de cinéma, scientifiques, etc.), le World Economic Forum de Davos et j'ajouterai des institutions auxquelles on ne pense pas toujours : les entreprises multinationales qui sont d'utiles lieux de dialogue. Quelles que soient les critiques dont elles font l'objet, le fait qu'elles soient tendues par nature vers la réussite économique les rend précieuses.

Pour conclure, je vous ai proposé une vision optimiste de la géographie, à mon sens la seule qui justifie que l'on continue à approfondir cette discipline faite pour rendre service à la Cité. Les géographes ne croient pas aux prophéties autoréalisatrices et millénaristes fondées sur la désespérance. Ce n'est pas parce que de grandes civilisations se sont effondrées que le monde contemporain est à la veille d'une explosion ou d'une implosion. Jean-Paul Aron regrettait que « la planète peu à peu, se transforme en kaléidoscope où les lieux et les noms, les politiques et les histoires se pulvérisent en signes qui se bousculent, s'intervertissent et se volatilisent dans un vertige[1] ». De quel meilleur appel du pied la géographie pourrait-elle rêver ? C'est à éviter ce chaos mental, ce malaise de l'homme qui ne comprend plus le monde qui l'entoure, que sert la géographie. J'ajoute qu'elle dispose aujourd'hui de méthodes de travail incomparablement plus fines et précises que naguère, en matière de télédétection ou de cartographie, par exemple. Elle est une invitation faite à tous les hommes à prendre leurs responsabilités, à agir en tant qu'habitants, producteurs, citoyens, et ce avec zèle, audace et imagination, sans jamais cesser de s'émerveiller de la diversité terrestre et de la faire vivre, de contribuer à l'enrichir. La géographie est à la fois fille et mère du dialogue des cultures. Elle peut enfin servir d'abord à faire la paix. L'ignorance

1. J.-P. Aron, *Les Modernes*, Paris, Gallimard, 1984.

en général, et l'ignorance géographique en particulier, est une arme de destruction massive.

OBSERVATIONS PRONONCÉES À LA SUITE DE LA COMMUNICATION DE JEAN-ROBERT PITTE

Jean Baechler : Permettez-moi d'exprimer les choses de la manière suivante et de vous demander si cela correspond bien à ce que vous nous avez exposé : l'espèce humaine habite la planète. Il en résulte automatiquement des interactions entre cette espèce acculturée et acculturable et la nature. De ces interactions résultent des milieux que l'on peut saisir à toutes les échelles, depuis le jardin le plus modeste jusqu'à la planète entière.

Du côté de la nature, il y a les climats, les sols, les régolithes, les gisements houillers, l'hydrologie, le rapport des terres et des mers, etc. Cette nature n'impose rien, mais propose des conditions de possibilité et des impossibilités dans une dialectique extrêmement complexe d'où résultent des milieux qui sont précisément l'objet de la géographie.

Ces milieux résultent des impressions par toutes les activités humaines. On doit donc y trouver du politique, de l'économique, du technique, du religieux, du ludique, etc. Par conséquent, si l'on veut expliquer ces milieux, il faut recourir aux enseignements de tous les domaines pris en charge par les différentes sciences humaines et sociales. En d'autres termes, la géographie est par nature la discipline qui s'intéresse à et traite des agrégats macrosociologiques. On ne saurait partir de l'ensemble pour trouver les milieux ; on doit partir des milieux pour trouver l'ensemble.

D'autres objets dans le règne humain ont ce même statut remarquable. C'est particulièrement la stratification sociale. Personne ne vise comme objectif à atteindre la mise en place d'une stratification sociale, mais celle-ci résulte des interactivités, des compétitions et des concurrences entre les acteurs sociaux.

La crise de la géographie, que vous avez évoquée, m'amène à faire une deuxième remarque. Alors que j'étais étudiant à Strasbourg et suivais les cours d'admirables géographes, deux choses avaient retenu mon attention.

Tout d'abord, une tentation de la spécialisation. Déjà Rochefort était apparu qui voulait faire de la géographie urbaine ; d'autres voulaient faire de la géographie agraire, de la géographie des communications, de la géographie des îles, etc. Cela est fâcheux car, si l'on adopte votre définition de la géographie, définition à laquelle j'adhère pleinement, la spécialisation tue la géographie.

Or, cette spécialisation était en relation avec une deuxième tentation à laquelle les géographes n'ont pas réussi à échapper, à savoir l'aménagement du territoire, autrement dit passer de l'étude des milieux au conseil aux décideurs sur ce qu'il faut faire pour changer les milieux et les rendre plus accueillants aux êtres humains. Cette dérive est bien évidemment dangereuse car, inévitablement, l'idéologie est mobilisée. Or, les géographes n'en avaient pas besoin puisqu'ils étaient tous, sauf exceptions très rares, marxistes, léninistes, trotskystes, maoïstes, etc. Il en est résulté, en réaction à cette dérive, ce que vous avez appelé l'« abstraction » et que certains chantres de cette abstraction nomment « épistémologie ». C'est en fait un jargon totalement incompréhensible et qui ne mène à rien de gens qui n'ont aucune culture philosophique, aucune culture historique, aucune culture sociologique.

Xavier Darcos : Vous avez affirmé que nous pouvions nourrir sans difficulté dix milliards d'humains, voire plus. La question n'est-elle pas plutôt de savoir si la croissance démographique présente un intérêt ? Quelles seront par exemple les conséquences pour les grands équilibres mondiaux et notamment pour l'Europe vieillissante d'une Afrique de deux milliards et demi d'habitants ? Le malthusianisme ne mériterait-il pas parfois d'être traité avec quelques égards ?

Pierre Delvolvé : Dans le tableau universel et optimiste de la géographie que vous nous avez présenté, les juristes ont parfois été pris à partie. Ainsi avez-vous cité la disposition qui devrait bientôt figurer dans un nouvel article 514-14 du Code civil aux termes duquel les animaux sont des êtres vivants dotés d'une sensibilité. Vous avez ensuite évoqué les notaires. Dans les deux cas, j'ai cru percevoir un accent critique dans votre propos. Mais dans les deux cas, il convient de souligner que c'est une volonté politique qui est mise en œuvre : par le Parlement en ce qui concerne l'animal et, lorsque le notaire dresse un contrat, c'est en vertu de la volonté politique qui est dans la législation et de la volonté politique des parties à ce contrat. C'est donc, dans les deux cas, en amont des juristes que la critique doit porter.

Il me semble résulter de votre exposé que la géographie est à la fois la connaissance de l'espace et de tout ce qui s'y passe, et l'action sur cet espace. N'est-ce pas là donner à la géographie une aire d'application si vaste qu'il ne reste que peu de choses pour les autres disciplines ?

Il n'en demeure pas moins que la volonté politique que j'évoquais à l'instant se nourrit de la connaissance de l'espace. Ainsi, lorsque les départements français sont dessinés en 1790, ils le sont à partir d'une connaissance de la géographie provinciale. Ce n'est pas un hasard si la Dordogne correspond au Périgord et le Lot au Quercy ; il y a là une coïncidence entre la division administrative et la division géographique et historique. Cela n'empêche toutefois pas qu'il puisse y avoir une décision arbitraire dans le tracé des frontières des départements. Le Tarn-et-Garonne en fournit un exemple : il fut dessiné en 1808 par Napoléon en prenant une partie du Lot, du Gers, du Lot-et-Garonne, de la Haute-Garonne et de l'Aveyron – ce qui en fit à l'origine un département hétéroclite. Mais au bout de deux cents ans, le Tarn-et-Garonne a acquis une réalité humaine et sociale, ce qui montre bien que l'action de l'homme sur la géographie peut avoir à long terme des conséquences positives.

La question se pose aujourd'hui avec le redécoupage envisagé des régions. Va-t-on avoir des provinces reproduisant des provinces de l'Ancien régime avec le risque d'avoir un duc de Bretagne et un comte de Toulouse puissants par rapport au pouvoir central.

On le voit, la géographie est assurément une science politique ; je me demande même si elle n'est pas plus politique que science.

Emmanuel Le Roy Ladurie : Pensez-vous que les problèmes posés par le réchauffement climatique, en raison des gaz à effet de serre, puissent avoir un caractère croissant et indéfini ? Pensez-vous qu'ils constituent une menace soit pour l'humanité tout entière, soit pour certaines portions de cette humanité ?

Jean-Claude Casanova : Pourquoi ceux qui dirigent l'enseignement secondaire avec la lucidité que l'on connaît ont-ils décidé il y a une cinquantaine d'années qu'il devait y avoir une agrégation de géographie séparée de l'histoire, alors que la biologie n'a pas été séparée de la physique et de la chimie ?

Pourquoi la géopolitique est-elle une plus profonde tradition en Allemagne et dans les pays anglo-saxons qu'en France ? Pourquoi la géopolitique ne s'est-elle pas développée en France ?

Pourquoi ce qui fait la grandeur de la géographie française, à savoir une vision globalisante qui intègre tous les éléments propres à un espace donné – je pense par exemple au livre de Le Lannou sur la Sardaigne – tend-il à disparaître ? Est-ce dû à trop de spécialisation ?

On met en dehors de l'Université quelqu'un qui nie l'existence des camps de concentration nazis. Si l'on avait exclu de l'Université française ceux qui niaient l'existence des camps de concentration soviétiques ou chinois, c'eût été une hécatombe. Pourquoi est-ce que ce sont surtout les géographes qui ont été concernés ? Les cours de Jean Dresch et de Pierre George sur l'Union soviétique – on est bien obligé de le reconnaître – ont été de pures abominations.

François d'Orcival : Vous avez cité Yves Lacoste intitulant son essai de 1976 *La géographie, ça sert, d'abord, à faire la guerre*. L'essai récent de Robert Kaplan intitulé *La Revanche de la géographie* nous montre que cette revanche est en fait celle du réel sur le virtuel, celle de la cartographie sur les idées générales.

Quelle relation établissez-vous entre géographie et guerre ?

Mireille Delmas-Marty : Vous avez dit qu'il était vain d'opposer le local au global. Heureusement, le processus de globalisation n'est pas incompatible avec le particularisme local. Le droit consacre cette dualité. Parmi les grands textes emblématiques, on trouve la Déclaration *universelle* des droits de l'homme, mais il y a aussi, quelques décennies plus tard, en 2001 et 2005 exactement, une déclaration et une convention de l'Unesco sur la diversité des cultures, « patrimoine commun de l'humanité ».

Le problème qui se pose est de savoir selon quelle modalité il est possible d'appliquer à la fois le principe d'universalisme et le principe de diversité. La géographie peut-elle apporter une réponse ? Dans le domaine juridique, on constate l'émergence du processus de contextualisation. Cela signifie que l'on a des normes communes, mais qui sont appliquées selon le contexte national avec une certaine marge d'appréciation.

Par ailleurs, que pensez-vous de l'utilisation dans le domaine juridique du terme « espace » pour désigner non seulement l'espace géographique, mais aussi un ensemble normatif particulier insuffisamment structuré pour qu'on puisse le qualifier de système ? On parle ainsi de l'espace Schengen, ou encore de l'espace Kyoto pour désigner les pays qui ont ratifié le protocole de Kyoto sur le changement climatique.

Si le territoire, comme vous l'avez dit, est un concept majeur en géographie, c'est aussi un concept majeur dans le champ juridique puisque c'est ce qui détermine, en principe, la sphère territoriale de compétence juridique et juridictionnelle. La compétence dite universelle a longtemps été réservée à des comportements qui, précisément, échappaient au territoire national. Je pense par exemple à la piraterie en haute mer. Les pirates étaient naguère qualifiés d'ennemis du genre humain. Que répondriez-vous à la question récemment posée par un juge de la Cour suprême des États-Unis : qui sont les pirates du XXIe siècle ?

Christian Poncelet : Actuellement, les gouvernements, de gauche comme de droite, manifestent la volonté de réduire la ruralité pour créer des métropoles. Or, à mes yeux, ruralité rime avec fraternité. Nos gouvernants vont même jusqu'à envisager la suppression des départements. Que pensez-vous de ce projet ?

Yvon Gattaz : Les chefs d'entreprise, comme on le sait, vivent de plus en plus dans des avions et ils parcourent le monde avec un ordinateur sur les genoux. Ils se posent dans quasiment tous les pays où il y a un aéroport et l'on s'aperçoit que les chefs d'entreprise qui, il y a cinquante ans, ignoraient la géographie la connaissent aujourd'hui fort bien. Ne pourrait-on pas instaurer une collaboration entre les vrais géographes et ces néo-géographes que sont les chefs d'entreprise ?

Michel Pébereau : Y a-t-il aujourd'hui une réflexion scientifique sur les implications que la rapidité des transports et l'abaissement de leur coût peuvent avoir sur la géographie de la planète, que ce soit au niveau des cités, dans les centres-villes et la périphérie urbaine, ou que ce soit au niveau international avec l'abaissement des temps de transport ?

Par ailleurs, quelles sont implications des nouvelles technologies de communication, informatique et Internet, sur les phénomènes géographiques que vous avez cités et, en particulier, sur l'existence de communautés humaines qui sont liées par une solidarité territoriale, sachant que l'Internet détruit les territoires et crée des relations à l'échelle de la planète qui sont aussi instantanées que celles de voisinage ?

George-Henri Soutou : La géopolitique allemande qui, à mes yeux, est la véritable géopolitique, affirme depuis l'origine son anti-mondialisme et la particularité des zones géographiques. Il s'agit là d'une position politique et philosophique. La France, en revanche, qui est universaliste depuis fort longtemps, a du mal à penser selon les catégories allemandes. C'est sans doute ce qui explique que la géopolitique y soit moins prégnante qu'ailleurs.

De votre communication, je tire la conclusion que l'histoire et la géographie en tant que disciplines universitaires morales et politiques sont placées devant la même difficulté. Elles ne valent que par la dialectique permanente du particulier et de l'universel. Actuellement se développe un courant d'histoire dite globale. Quand on regarde ce qui est entendu par-là, on découvre qu'il s'agit en fait pour une grande part d'une forme de géographie, car ce qu'il y a de global est en fait le climat, les mouvements de population, etc. L'histoire globale présente le défaut de s'écarter des histoires particulières qui contribuent à donner un sens à l'histoire de l'humanité. La géographie et l'histoire, ne sont-elles pas passées d'un extrême à l'autre, d'une histoire et d'une géographie régionales à une espèce d'universalisme abstrait ?

Gilbert Guillaume : Le rapport ancien de la géographie avec la guerre est évident. Quant au rapport qu'elle entretient avec la paix, il m'apparaît complexe, mais possible. La raison en est que, ainsi que vous l'avez dit, la géographie est la science des milieux ; le droit international est le droit des territoires. Or, les milieux peuvent être en opposition avec les territoires tels que fixés par le droit. Il faut donc essayer de les concilier dans toute la mesure du possible. C'est pourquoi, en ma qualité de président d'un tribunal arbitral qui doit bientôt fixer le tracé des frontières entre la Slovénie et la Croatie, j'ai choisi de faire désigner deux experts, un géographe et un hydrographe pour assister le tribunal.

Bernard Bourgeois : Vous avez évoqué Kant, Hegel et Montesquieu. Ces philosophes font face au problème suivant : ils considèrent qu'il existe des races humaines, mais ils considèrent aussi que l'homme est partout né libre et que par conséquent il n'est déterminé par rien, si bien que tous les trois condamnent tout racisme. Mais comment expliquer sans racisme l'existence des races ? Il s'agit pour nos trois philosophes de mettre les races en rapport avec une nature qui n'est pas la nature biologique, intérieure, mais la nature extérieure, celle à laquelle on n'est pas attaché organiquement et qui constitue précisément l'objet de la géographie. Il en résulte que les races sont liées aux lieux, aux climats, à une nature qui n'est pas attachée intimement à l'homme. La géographie conditionne l'homme, mais elle ne le détermine pas.

Pour Kant, vous avez eu raison de rappeler qu'il a été toute sa vie à la fois professeur de philosophie et professeur de géographie. Kant a célébré les paysages et a souligné que la beauté – qui pour lui est la seule beauté naturelle – est répandue partout, d'où la nécessité, pour contempler cette beauté, de voyager. Du reste, pour Kant, l'Européen est par excellence l'homme qui voyage pour le plaisir de voir des belles choses. On ne manquera pas toutefois de remarquer que Kant lui-même n'a jamais quitté Königsberg.

Quant à Hegel, lui aussi, comme vous, a intimement lié le pays et le paysage. Dans les lettres qu'il écrivait à sa femme lors de ses voyages, Hegel évoquait bien sûr telle soirée à l'opéra de Paris pour écouter Rossini, mais il évoquait surtout l'aménagement des villes et des territoires qu'il traversait.

Réponse de Jean-Robert Pitte : En réponse à Jean-Claude Casanova qui considère que la géopolitique n'existe pas vraiment en France, je mentionnerai Yves Lacoste qui est le représentant d'une certaine géopolitique à la française, assurément très différente d'une géopolitique à l'allemande. Tiers-mondiste, membre du Parti communiste, élève de Pierre George et de Jean Dresch, il expliquait toute la misère du monde par l'impérialisme américain, accapareur des richesses des autres. Puis, un jour, il a vécu son chemin de Damas et a publié, en 1985, *Contre les anti-tiers-mondistes et contre certains tiers-mondistes.* La revue *Hérodote* qu'il avait créée s'en est trouvée complètement transformée. Alors que les premiers numéros étaient violemment anti-américains, Yves Lacoste en est arrivé, lors de la première guerre d'Irak, à défendre l'intervention américaine et à prendre le parti de George Bush père.

D'une façon générale, il faut prendre en considération le fait que la géographie de l'éducation est essentielle pour comprendre le monde. Les situations catastrophiques correspondent aujourd'hui assez étroitement à la carte de l'illettrisme, à quelques rares exceptions près. C'est à Pierre Gourou que l'on doit d'avoir mis en évidence le rôle du savoir, de la connaissance, des techniques accumulées et de l'encadrement social, c'est-à-dire du respect de l'autorité et de l'État de droit.

On ne peut qu'approuver Hegel lorsqu'il s'intéresse à l'aménagement des villes, mais ce qu'il écrit par ailleurs sur la supériorité de l'Europe (du Nord) par rapport au reste du monde n'est tout simplement pas admissible. Certes, il voyageait, mais avec l'*a priori* qui consiste à penser que certains climats sont moins propices que d'autres à la civilisation et à l'essor économique. Or, ça n'est pas vrai. Il suffit de considérer la réussite économique extraordinaire de Singapour, minuscule territoire soumis à un climat équatorial, où il fait en moyenne diurne quelque 31 degrés tout au long de l'année et jamais moins de 23 degrés la nuit et où se côtoient des populations d'origines très diverses – Chinois, Malais, et Tamouls. On le voit, la nature, les milieux n'imposent rien.

Les milieux ne constituent pas l'unique objet de la géographie, mais l'un de ses objets. L'aire réelle de la géographie englobe en fait tout ce qui se passe à la surface de la Terre, y compris dans les mentalités. Tout comme l'histoire qui, depuis l'école des Annales, s'intéresse absolument à tout, la géographie s'intéresse à tout ce qui s'inscrit dans l'espace et qu'étudient aussi les autres sciences.

S'il y a eu plus de marxistes en géographie que dans les autres disciplines, c'est sans doute parce qu'à Paris, la capitale, les grandes chaires de géographie ont été occupées par des ténors du Parti communiste, Pierre George et Jean Dresch principalement. Ces deux professeurs ont exercé une influence déterminante sur leurs étudiants, notamment par la direction de thèses.

Est-il bon de nourrir dix milliards d'hommes ? Je l'ignore, mais il est certain que le malthusianisme aboutit, en réduisant le nombre des naissances, à favoriser le vieillissement de la population, ce qui constitue un problème terrible pour l'avenir de nos sociétés. Le nombre d'habitants et la densité de population ne sont pas réellement un problème, tant l'inventivité humaine est grande et capable de trouver des solutions. Ce qui est un problème, c'est le manque de dynamisme lié à l'âge avancé d'une population. Pierre Chaunu insistait beaucoup sur cette idée.

Il n'était pas dans mon intention, lorsque j'ai cité Pierre George, de critiquer le moins du monde les notaires, mais de contester une certaine conception de la géographie qui, en l'assimilant au simple exercice d'un notariat de pur enregistrement, se trompait à la fois sur ce que doit être la géographie et sur ce qu'est le notariat.

En revanche, sur le droit des animaux, je suis plus réservé. Je suis bien entendu favorable à ce qu'on fasse souffrir le moins possible les animaux, mais je m'étonne que l'on puisse considérer les droits des animaux indépendamment de l'humanité.

En ramenant tout à la géographie ou en montrant que la géographie pouvait s'occuper de tout, j'ai utilisé une pédagogie sans doute excessive, mais c'était dans l'intention de vous persuader que la géographie mérite bien d'exister car elle a une utilité indéniable.

Les départements sont essentiels et s'il en est qui ont été dessinés arbitrairement, tel le Tarn-et-Garonne, ils correspondent souvent à une réalité historique et à une échelle territoriale à laquelle les Français sont habitués et attachés. La Dordogne est un département qui a 2 500 ans d'existence puisque c'était la cité des

Pétrocores, avant de devenir une cité gallo-romaine, puis un évêché. La carte des départements est certainement beaucoup plus ancrée dans le cœur des Français que celle des régions. Comme vous le savez, on a voulu supprimer les départements de l'Alsace, mais nos compatriotes alsaciens ont voté non pour des raisons culturelles. D'ailleurs, la frontière qui sépare le Haut-Rhin du Bas-Rhin correspond à la frontière entre deux tribus gauloises.

La géographie est sans doute une science politique, mais c'est davantage dans l'aménagement du territoire que je perçois l'aspect politique. En tous les cas, je ne partage pas l'idée selon laquelle la géographie serait plus politique que scientifique.

Je ne saurais dire si le réchauffement climatique est un mouvement indéfini. Il est possible que dans dix, vingt, trente ans ou plus, nous connaissions soudain un refroidissement climatique rapide, comme cela s'est produit durant « le petit âge glaciaire ».

L'agrégation de géographie a été créée en 1942 par Emmanuel de Martonne. On a accusé de Martonne d'être vichyste, ce qui est faux. Il a tenu l'Institut de géographie de la rue Saint-Jacques et maintenu la bibliothèque ouverte pendant la guerre ; tous les cours ont eu lieu, sauf ceux d'un très grand géopoliticien français, Jean Gottmann, qui a dû quitter la France en 1940 et s'est réfugié aux États-Unis où de Martonne l'a aidé à trouver un emploi.

Je pense que c'est une erreur d'avoir créé une agrégation de géographie. Ou alors il aurait fallu décider qu'il y aurait dans les lycées et dans les collèges un professeur d'histoire et un professeur de géographie.

Aujourd'hui, il y a un Capes d'histoire et géographie, mais la majorité de ceux qui le passent sont plus historiens que géographes ; il y a trois voire quatre fois plus de postes à l'agrégation d'histoire qu'à l'agrégation de géographie. Or, tous ces enseignants, devant les élèves, doivent faire 50 % d'histoire et 50 % de géographie. Et les historiens n'ont évidemment guère d'appétence à enseigner la géographie, cette matière qu'ils n'ont pas choisie. C'est pour ces raisons que je souhaiterais qu'il y eût une agrégation d'histoire et géographie avec autant de géographie que d'histoire, dans les programmes et dans l'enseignement, faute de quoi la géographie sera toujours mal enseignée.

Si la géopolitique a eu peu de succès en France, c'est sans doute par peur d'une géopolitique à l'allemande qui instrumentalisait cette discipline à des fins territoriales et guerrières. C'est à Yves Lacoste que l'on doit, à la fin des années 1980, d'avoir réhabilité la géopolitique en disant clairement qu'elle était autre chose. Je voudrais également citer deux de ses anciens élèves : Michel Foucher, universitaire et diplomate, spécialiste des frontières, et Béatrice Giblin, qui a beaucoup travaillé sur la géopolitique des régions françaises.

Pour ce qui est de la géographie régionale, elle fut naguère glorieuse, mais on peut regretter que ce genre ait abouti souvent à des thèses à tiroirs, des thèses inventaires avec le relief, le climat, la végétation, etc., ce qui ne permet pas d'avoir une vision globale. Il y a d'heureuses exceptions ; je pense à la thèse de Pierre Flatrès portant sur quatre contrées celtiques d'outre-Manche.

J'ai peu parlé de droit parce que peu de géographes ont une culture juridique approfondie et qu'il n'existe que très peu de travaux de géographie du droit. Néanmoins, je suis pleinement conscient de l'intérêt qu'il y a, pour les géographes, à s'intéresser aussi au droit et c'est l'une des voies d'avenir féconde pour la géographie.

En ce qui concerne le millefeuille administratif territorial, il convient certainement de le rationaliser afin qu'il n'y ait plus de doublons de compétence, mais je crains fort qu'en supprimant des strates administratives on ne tue l'espace rural français. Les Français habitent majoritairement en ville, mais 80-90 % de l'espace français est rural – avec des densités de population très faibles, parfois inférieures à 10 habitants par kilomètre carré. Je suis donc un chaud partisan du département et des conseillers généraux territorialement ancrés.

L'entreprise est assurément inséparable de la géographie. On ne peut être un bon chef d'entreprise si l'on ne prend pas en compte la géographie. Je plaide du reste depuis longtemps pour que soit donné plus de poids à la géographie dans les écoles de commerce, mais aussi dans les écoles d'ingénieurs et à l'ENA.

Tout a été bouleversé dans notre monde par l'accélération des transports. Cela ne fait aucun doute. Mon sentiment est qu'aujourd'hui les hommes voyagent un peu trop souvent inutilement. Grâce aux moyens de communication, il est possible de traiter des affaires à distance et d'organiser des téléréunions. Est-il vraiment indispensable que les hommes d'affaires passent leur vie dans des avions ?

De même qu'il existe une histoire globale, il y a une géographie globale, appelée « géographie générale ». À mon sens, durant les dernières décennies, on est allé trop loin dans la recherche des invariants avec l'idée pernicieuse selon laquelle, avec une très petite batterie d'outils, les chorèmes, on pourrait comprendre toutes les situations rencontrées à la surface de la Terre. C'est là une conception simpliste que la complexité du réel bat en brèche. Il y a certes des invariants, mais il y a surtout de très grandes différences entre les lieux et entre les hommes.

Forces spirituelles, innovations et accélérations de l'histoire

Séance solennelle de rentrée du 13 novembre 2017

Selon notre coutume, le secrétaire perpétuel de notre académie est laissé libre du choix de ses propos lors de la séance solennelle de rentrée. Mon tour de présider notre académie aurait dû arriver l'une de ces prochaines années. Vous en avez décidé autrement, mes chers confrères. Je ne pourrai pas vous infliger une année entière à tenter de vous démontrer combien la géographie est un merveilleux savoir qui, certes, peut servir à faire la guerre, comme Yves Lacoste l'avait écrit en 1976, mais plus sûrement encore à faire la paix en permettant à l'humanité de mieux connaître et aménager sa planète et de mieux comprendre sa propre diversité pour en tirer le meilleur des partis. En revanche, si Dieu me prête vie, je dispose de six occasions d'évoquer devant vous le champ scientifique qui m'est cher en vous entraînant sur les chemins de traverse de celui-ci, ceux que j'ai empruntés avec délices au cours de près d'un demi-siècle de recherches et d'enseignements conduits avec un immense plaisir. Aujourd'hui, j'aimerais vous entretenir d'une conviction profonde : le temps et l'espace sont insécables. Tous les rythmes du temps, toutes les échelles de l'espace terrestre se combinent et se recomposent sans cesse, avec des lenteurs et des accélérations fulgurantes que l'humanité vit, selon les moments de son histoire, soit dans de minuscules territoires, soit en dépassant ses frontières pour s'embarquer vers des horizons lointains et des lendemains qu'elle espère chantants.

Le croisement de l'histoire et de la géographie appartient à la tradition française depuis les collèges jésuites ou lassaliens des temps modernes. Aujourd'hui encore, c'est le même professeur qui enseigne l'histoire et la géographie dans les collèges et les lycées, hélas pour la géographie qui est la parente pauvre de la formation des maîtres. L'intitulé de la section de notre académie à laquelle j'appartiens, « histoire et géographie », porte la marque de ce choix intellectuel de notre pays depuis 1934, date à laquelle il a remplacé l'intitulé « histoire générale et philosophique ». Deux géographes seulement y avaient occupé un fauteuil avant cette date, Paul Vidal de La Blache en 1906 et Jean Brunhes en 1927. Vous me permettrez d'y annexer André Siegfried, élu en 1932 dans la section « morale », devenue « morale et sociologie » en 1958, même si l'Université ne l'a hélas jamais considéré comme le grand géographe qu'il a pourtant été. Cinq autres suivront : Augustin Bernard (1938), Raoul Blanchard (1958), Maurice Le Lannou (1975) et Pierre George (1980). Alice Saunier-Seïté sera élue en 1995 dans la section générale.

Beaucoup de nos contemporains sont volontiers déterministes et croient en la toute-puissance de Dame

Nature censée être bonne, mais qui serait aujourd'hui très en colère. Douée de raison et de volonté, Gaïa serait en train de se venger des violences insupportables dont elle fait l'objet. Ils sont persuadés que le ciel va nous tomber sur la tête si nous n'arrêtons pas de croître et nous multiplier. Ils pensent que le changement climatique que nous vivons est, d'une part, intrinsèquement mauvais et, d'autre part, exclusivement dû à une activité humaine déréglée : agriculture polluante, élevage intensif entraînant un excès de flatulences bovines qui aggravent l'effet de serre, production d'énergie, industrie, circulation, chauffage, climatisation, etc.

Le discours dominant actuel sur la nature qui a cours dans la plupart des pays de la planète ne correspond pas à leurs traditions culturelles, mais au succès de principes plus ou moins animistes venus des pays d'Europe du Nord et qui ont lentement cheminé vers l'Amérique du Nord, puis vers le sud de ces deux continents et enfin gagné le monde entier. Ces idées constituent sans nul doute une prise de conscience salutaire du fait que l'humanité doit gérer son environnement avec sagesse, ce qui n'a pas toujours été le cas au cours de son histoire, surtout depuis l'accélération imprimée par la révolution industrielle laquelle, il faut le rappeler, a aussi pris naissance au nord de l'Europe et de l'Amérique. Elles représentent néanmoins un ensemble doctrinal plutôt inquiet, voire pessimiste qui s'affirme fondé sur des analyses scientifiques objectives, mais qui relève en réalité pour une large part de convictions plutôt que de faits qui s'imposent : majorité, voire consensus ne font pas preuve. Nos travaux de l'année prochaine consacrés à l'opinion publique, sous la houlette de François d'Orcival, nous permettront de réfléchir à cette importante question.

Il faut envisager les changements rapides que nous vivons à l'aune du temps long, lequel nous invite plutôt à l'optimisme et à l'action. Une certaine vision matérialiste de la condition humaine a fait attribuer nombre de grands bouleversements de l'histoire de l'humanité et de la géographie de la planète qu'elle habite à des facteurs environnementaux, en particulier les changements climatiques entraînant des effets démographiques, comme si nécessité faisait toujours loi. En réalité, c'est une explication très partielle, voire partiale et même fausse. Il convient plutôt d'inverser le processus : c'est la volonté, la liberté et la spiritualité humaines qui sont responsables des grands franchissements de paliers, ce que Renan croyait en affirmant que « ce sont les idées qui mènent le monde[1] ». Maurice Godelier, revenu des raideurs de sa jeunesse, va plus loin en écrivant : « Au fondement des sociétés humaines, il y a du sacré. Autant le savoir[2]. » C'est aussi ce qu'admet Marcel Gauchet : « nous sommes obligés de réviser nos convictions, à commencer par l'économisme primaire qui tient lieu d'explication à tout et qui empêche l'Occident de comprendre les autres sociétés du globe[3] ». Les modifications envi-

1. E. Renan, *L'Avenir de la science. Pensées de 1848*, Paris, Calmann-Lévy, 1890, p. 23.

2. M. Godelier, *Au fondement des sociétés humaines. Ce que nous apprend l'anthropologie*, Paris, Albin Michel, 2007.

3. M. Gauchet, É. Conan, F. Azouvi, *Comprendre le malheur français*, Paris, Stock, 2016, p. 270.

ronnementales ont pu dans certains cas contraindre l'humanité à réagir, mais, à la différence des espèces végétales et animales, elle ne fait pas que s'y adapter. Elle est capable d'innovation, que son cadre de vie change ou non. D'ailleurs, des événements aussi marquants que la naissance et la mort des grands empires, les grandes découvertes, la révolution industrielle ou les deux guerres mondiales ne sont en rien liés à des changements environnementaux, mais doivent tout au génie propre à l'espèce humaine ou au réveil de ses pulsions les plus barbares et autodestructrices.

Le merveilleux roman *Pourquoi j'ai mangé mon père*, chef-d'œuvre de Roy Lewis publié en 1960, fondé sur les connaissances scientifiques que l'on possédait alors du Paléolithique, le démontre d'une manière désopilante. Théodore Monod le considérait comme un chef-d'œuvre. La descente des arbres, les progrès dans l'obtention de subsistances et l'augmentation de la population sont, d'après Lewis, les conséquences d'une révolution de la pensée. Il y attribue l'invention du feu à un pithécanthrope au psychisme très avancé, imaginatif et féru de nouveautés techniques. Grâce à la maîtrise du feu qui n'était nullement une nécessité vitale, un saut majeur dans la maîtrise de l'environnement a été accompli voici 400 000 ans environ : prolongation nocturne de la lumière du jour et éclairage des cavernes, protection contre les animaux sauvages, cuisson des aliments devenant ainsi plus sains par la destruction des parasites de la viande, plus digestes et plus goûteux, résistance au froid et conquête de nouveaux espaces de vie, en particulier au moment des glaciations, fabrication de pieux durcis bien plus efficaces pour la chasse, mais aussi pour la guerre. En outre, l'invention du foyer a favorisé le rapprochement des individus, l'échange et la sociabilité. Roy Lewis, en contractant la préhistoire, fait du fils de son héros l'inventeur de l'art pariétal qui représente un autre pas essentiel dans l'histoire de l'humanité, un moyen prodigieux d'affirmer grâce à l'art la maîtrise par l'homme du règne animal si indispensable à sa subsistance et à sa multiplication. Il attribue aussi à son héros l'invention majeure de l'exogamie. Quelle que soit la date exacte d'apparition de celle-ci, nul doute qu'elle ait permis un immense progrès, non pas seulement en évitant l'inceste et les risques génétiques de la consanguinité, mais comme l'écrit le romancier : « Si nous voulons le moindre développement culturel, il faut que l'émotion individuelle ait la tension d'un stress. Bref, il faut qu'un jeune homme quitte le toit familial, se cherche une compagne, la courtise, la capture et se batte pour elle[1]. » L'apparition du culte des morts, il y a environ 100 000 ans, est un autre palier majeur de l'histoire de l'humanité qui contribue à donner un sens plus aigu à la vie, à doter celle-ci d'une espérance d'éternité. Le rituel cannibale final imaginé par Roy Lewis est un hommage appuyé rendu à son héros : « Telle fut la fin de père en tant que chair, mes garçons. Et c'était, j'en suis sûr, celle qu'il eût désirée : être occis par une arme vraiment moderne [un arc] et mangé d'une façon vraiment civilisée [rôti]. »

Franchissons un certain nombre de millénaires. Les travaux de l'archéologue Jacques Cauvin et de son

1. R. Lewis, *Pourquoi j'ai mangé mon père*, Paris, Pocket, 2012.

équipe[1] ont montré que l'une des plus remarquables accélérations de l'histoire humaine, la révolution néolithique au Proche et au Moyen-Orient, c'est-à-dire l'apparition de l'agriculture et de l'élevage, environ 10 000 ans avant notre ère, a été précédée et non suivie par une révolution religieuse majeure. Par rapport aux terreurs des animismes anciens, le développement du culte des déesses-mères et du taureau marque l'éloignement du divin et sa personnification, de même qu'un essor de la liberté humaine moins contrainte par un environnement immédiat divinisé. La stratigraphie est irréfutable et rend intenable la position déterministe qui ferait découler les nouvelles croyances de l'évolution technique. Cet éclair de réflexion des anciennes civilisations du Levant, puis de la Mésopotamie sur les origines de la vie et cette aspiration à la vénérer ont donné aux sociétés mésolithiques l'idée d'en diriger le processus en apprenant à planter des céréales et à domestiquer les petits ruminants. On ne peut nier pour autant que, dans ce contexte, la remontée des espèces vivantes vers le nord à la fin de la dernière glaciation de Würm a favorisé l'éclosion de ces nouveautés techniques, mais il ne s'agit que d'un coup de pouce.

C'est cette fascination pour la vie qui explique aussi le goût des boissons fermentées, la bière d'abord, le vin ensuite, sources de joie et de dépassement de la condition humaine, puis pour le pain, œuvres de pulsions vitales qui resteront mystérieuses et sacrées jusqu'à la découverte des levures par Pasteur qui a

1. J. Cauvin, *Naissance des divinités, naissance de l'agriculture*, Paris, CNRS Éditions, 1998.

réfuté la théorie de la génération spontanée. C'est aussi le désir de vivre ensemble en groupes constitués partageant les mêmes valeurs et vénérant les mêmes divinités qui explique la naissance des villages et les embryons d'un droit foncier et d'institutions politiques. Le même enchaînement s'est déroulé en Chine, en Amérique centrale et dans la cordillère des Andes, autres foyers de la révolution néolithique, mais l'archéologie ne l'a, me semble-t-il, pas encore démontré de manière aussi convaincante que dans le Croissant fertile.

Plus tard, l'urbanisation commence dans la même région avec l'apparition d'un panthéon de dieux anthropomorphiques ou chimériques installés dans des espaces sacrés et d'institutions politiques de droit divin avec des rois-prêtres. Il est faux de penser que la ville serait née d'abord des nécessités du commerce, de l'artisanat ou de la défense, même si ces préoccupations ne furent bien entendu pas absentes. L'historien de l'urbanisme Charles Delfante l'exprime de manière claire : « La notion de composition urbaine semble apparaître lorsqu'une idéologie, quelle qu'elle soit, commande aux destinées du projet. [...] Force est de constater que les pouvoirs politiques, religieux ou militaires donnent naissance à deux principes fondamentaux en matière d'urbanisme : l'ordre [... et le] symbolisme qui permet de mettre en évidence la grandeur et la vérité du pouvoir en place[1]. » Les plus anciennes villes de

1. C. Delfante, *Grande histoire de la ville*, Paris, Armand Colin, 1997, p. 10.

Mésopotamie furent d'abord des cités-temples qui sont ensuite devenues des cités-États et enfin des foyers économiques.

La ville impériale chinoise, bâtie en prolongement de sa cité interdite, ou la ville précolombienne sont des modèles analogues nés simultanément sous d'autres cieux et sur lesquels repose la construction des cités et des empires dont elles sont les hauts lieux sacrés. Des pyramides s'élèvent partout, en Amérique, en Mésopotamie, en Égypte, en Chine pour établir le lien symbolique entre les dieux et les hommes. La politique, le droit, l'urbanisme et l'architecture monumentale sont nés de la foi des anciens. La ville grecque et la ville romaine illustrent à merveille cette conception, bâties pour la première autour d'une acropole et d'une agora, pour la seconde à partir d'un forum d'où partent un *decumanus* et un *cardo* qui inscrivent l'urbanisme dans une cosmographie sacrée. Comme l'écrit Fustel de Coulanges dans *La Cité antique* : « Toute ville était un sanctuaire, toute ville pouvait être appelée sainte » et ailleurs : « On bâtissait toutes les villes pour être éternelles », signe que l'on était loin d'une simple nécessité matérielle, mais dans une démarche de haute spiritualité sans laquelle on ne peut comprendre la perfection technique des réalisations et leur beauté qui continue à nous toucher. La *pax romana* et la diffusion des valeurs gréco-romaines jusqu'en des contrées si éloignées de Rome ne sont dues qu'à la foi intense des Romains en leurs valeurs sacrées dans lesquelles s'ancrent les institutions politiques, juridiques, économiques et sociales. L'ensemble est encadré par des rites sans lesquels tout l'édifice s'effondre. C'est tout le sens du puissant message de Confucius ; c'est tout le sens des rituels que nous observons au sein de notre académie et de l'Institut de France. Si nous envisagions de les abandonner, nous signerions sans doute notre arrêt de mort, car cela signifierait que nous ne croyons plus en nos missions. L'Université post-1968 et la jeunesse française le paient cher !

Le monothéisme, la croyance en une élection divine qui autorise le dialogue avec le Créateur, l'amour de la connaissance, *via* la lecture et le débat, l'esprit critique développé jusqu'au paroxysme expliquent le singulier destin du peuple juif. Sa diaspora est présente sur tous les continents malgré ou à cause d'incessantes persécutions et déportations et joue un rôle dans la marche du monde qui est hors de proportion avec ses faibles effectifs de 18 millions de personnes, soit 0, 25 % de l'humanité. Ce que les juifs ont fait d'Israël en un peu plus d'un demi-siècle est un sujet d'étonnement pour beaucoup, pour les géographes positivistes en particulier, mais pas pour ceux qui croient au primat de l'esprit.

De leur côté, les valeurs propres au christianisme parmi lesquelles l'amour de Dieu confondu avec celui du prochain, la dignité de la personne, l'égalité de l'homme et de la femme, la grandeur de la liberté, l'universalisme et l'esprit de mission, ont permis la diffusion de cette religion jusqu'aux extrémités de la terre avec, dans son cortège, les techniques et les manières spécifiques de concevoir et d'aménager le monde. La séparation enfin accomplie aujourd'hui entre la sphère de Dieu et celle de César, élément essentiel du message de son fondateur, lui assure un avenir conforme au projet évangélique : celui pour les chrétiens d'être le sel de la terre, rien de plus, rien de moins. Mais sont-ils encore assez ardents pour le rester ?

L'impressionnant décollage agricole de l'Europe occidentale à partir de l'an mil ne s'explique que par la foi intense de ses habitants, conduits par leurs moines, leur clergé séculier, leurs chevaliers et leurs rois très chrétiens. Les défrichements s'intensifient au détriment des forêts et des landes, les marais sont asséchés. Bientôt, l'assolement réglé, triennal au nord, biennal au sud, permettra de produire plus et d'assurer la croissance démographique. La culture la plus civilisée, celle de la vigne, symbole de la romanité et de l'appartenance à la chrétienté, s'étend de nouveau partout et partout coule de nouveau le ferment divin. Les campagnes se couvrent d'un blanc manteau de monastères et d'églises, mais aussi d'innombrables mottes féodales et de donjons en bois, petit à petit remplacés par des châteaux en pierre qui marquent l'encadrement des villageois et les protègent. À côté de cet élan capable de déplacer des montagnes, le réchauffement du climat, « les douceurs de l'an mil » chères à notre confrère Emmanuel Le Roy Ladurie, le retour à la sécurité avec la fin des invasions germaniques après la sédentarisation des Vikings en Normandie, ne sont que des éléments de contexte favorables et non des facteurs de déclenchement. De même la croissance démographique est une conséquence et non une cause de ce développement agricole. Il faut avoir l'esprit confiant et pionnier pour engendrer une vaste descendance.

Puis vient le temps des cathédrales, dont l'éclosion est avant tout liée à la renaissance de l'idée romaine d'*Urbs* et d'un réseau de villes qui furent les miroirs de Rome, comme Amable Audin le disait de Lyon. Les villes médiévales sont des espaces tout aussi sacrés que les villes romaines, mais désormais, elles évoquent et préfigurent la Jérusalem céleste, singulièrement les cathédrales qui se dressent par centaines dans tout l'Occident et qui expriment les mêmes valeurs que les forums romains. Elles ne sont pas d'abord un orgueilleux signe de puissance et de richesse, mais l'affirmation fervente que rien n'est trop beau pour Dieu et que le salut passe par le don de son talent, de son temps et de son énergie, que la dépense ne compte pas dès lors qu'il s'agit de représenter le mystère et la beauté du Dieu trinitaire, de la Vierge, des prophètes et des saints. La lumière qui entre à flots dans les édifices à dater du XIIIe siècle est d'abord un choix spirituel et esthétique – le Christ, lumière du monde – qui va entraîner une incroyable révolution technique, celle de la voûte d'arêtes qui permet en outre d'économiser le bois devenu rare et oblige à perfectionner les techniques verrières. Ce n'est qu'ensuite que viennent les facteurs politiques que sont, par exemple, l'affirmation de l'ambition capétienne. N'oublions pas qu'avant d'être tourné en dérision avec le vocable « gothique », cet art était qualifié de « français », c'est-à-dire d'Île-de-France et donc né au cœur du fief des Capétiens. De même en est-il de la richesse agricole du plat pays, de celle des corporations d'artisans et des marchands, d'autant que la prospérité d'une ville qui possède une cathédrale s'accroît du fait de la présence de celle-ci.

C'est le cas à Chartres, qui connaît un afflux considérable de pèlerins venus vénérer le voile de la Vierge dans le sanctuaire, et donc un essor de son commerce.

Dès lors, l'histoire connaît des accélérations plus rapprochées et plus fortes encore. Les fondements de la première mondialisation économique née dans les villes marchandes de l'Italie ou des Flandres du *Quattrocento*, dans les très catholiques royaumes d'Espagne et du Portugal, dans l'Europe de la Réforme, berceau de la lecture pour tous et du capitalisme, sont avant tout culturels. Tout comme, plus tard, la révolution industrielle et des transports et celles de l'information et de la communication. Ces bouleversements sont liés à la soif de connaissance mêlée d'une confiance désormais un peu trop aveugle dans le pouvoir de l'homme. C'est leur force, mais aussi leur faiblesse car les satisfactions qu'elles procurent légitimement sont assorties de frustrations et de rancœurs, germes de guerres fratricides.

Je voudrais évoquer encore, parmi bien d'autres, deux accélérations de l'histoire fondées sur des valeurs spirituelles et morales. La première est celle du destin singulier des États-Unis d'Amérique. Leurs pères fondateurs furent des croyants persécutés, animés d'une folle énergie spirituelle. À partir d'immensités peu peuplées, ils ont bâti la première puissance du monde qui, au-delà de toutes les critiques dont elle a fait et fait l'objet, parfois à juste titre, demeure l'un des hauts lieux de la liberté de penser, des libertés politiques et de la liberté d'entreprendre, seuls fondements de sa prospérité. J'évoquerai également le Japon qui m'inspire et me nourrit depuis quatre décennies. La révolution de Meiji, commencée en 1868, a permis au peuple de cet archipel situé aux antipodes de l'Occident de basculer à une vitesse fulgurante dans la modernité technique sans pour autant abandonner ses traditions et ses valeurs. Cela tient aux deux siècles et demi de fermeture de l'ère d'Edo au cours desquels un mode de gouvernement ferme et éclairé a permis au pays d'approfondir sa culture et de développer l'amour du savoir, la lecture et l'écriture pour tous, y compris pour les femmes. Dès lors, le tremblement de terre de 1923 qui détruit intégralement sa capitale ou la défaite de 1945 qui laisse le pays en ruines et exsangue sont des occasions pour le peuple japonais de se ressaisir et de rebondir, au point de devenir à la fin du XXe siècle la deuxième puissance économique mondiale ! Et pourtant, ses handicaps ne manquent pas : 80 % de montagnes escarpées et couvertes de forêts, des plaines cultivables et urbanisables minuscules, des tremblements de terre incessants avec leur cortège de tsunamis parfois terrifiants, des typhons, des inondations et des glissements de terrain, de la neige hivernale en excès au nord du pays, etc. Rien de tout cela ne compte, tant ce peuple éduqué et courageux a le désir de vivre et de s'accomplir. Il lui reste à progresser encore dans le désir d'être contagieux et de transmettre ses valeurs.

L'abandon progressif de la référence à un Créateur explique la volonté de puissance de certaines sociétés humaines et, en leur sein, d'individus à l'ambition démesurée. C'est de l'exacerbation de celle-ci que naîtront, hélas, les grands empires totalitaires du

XXe siècle (URSS, IIIe Reich, Chine de Mao), responsables de millions de morts et voués à un échec inéluctable et constaté. Ce ne sont pas les civilisations qui sont mortelles, mais bien les barbaries. La comparaison de ces cataclysmes et de ces contre-civilisations avec les grandes avancées de l'histoire de l'humanité est édifiante : comme les secondes, les premiers sont liés à des choix idéologiques et culturels. Simplement, ils s'ancrent dans l'arrogante utopie d'un paradis sur terre et non pas dans l'humilité d'une inscription dans l'éternité qui, seule, permet le dépassement de soi et le vrai progrès.

Les grandes institutions de dialogue (UE, Onu, tribunaux internationaux, etc.), y compris économiques (Banque mondiale, FMI, OCDE, entreprises multinationales, etc.), bien que lentes à se mettre en place, sont sources d'espérance pour la planète et ses habitants. Elles reposent sur les valeurs morales de l'égalité des hommes en dignité, de la liberté et du dialogue, mais aussi sur la recherche de la paix et de la plus grande prospérité possible pour le plus grand nombre.

Dans tous les domaines, les inventions techniques ont été précédées de bouleversements culturels et artistiques. L'urbanisme renaissant et baroque a été précédé de représentations picturales de villes idéales en perspective. L'urbanisme international en tours et barres a été précédé de la Charte d'Athènes en 1933 et de l'art cubiste au tournant du XXe siècle. Le calvinisme est à l'origine de la passion pour la ponctualité et donc de l'art de l'horlogerie suisse. Dans un ordre d'idée plus futile, il est aussi à l'origine des tablettes de chocolat dont la division en petits carrés symbolise l'égalité et permet le partage…

L'avenir de l'humanité n'est pas écrit d'avance. Il n'existe ni sens de l'histoire ni sens de la géographie. Le « choc des civilisations » est une vue pernicieuse de l'esprit ; la seule menace est celle des ignorances satisfaites contre les civilisations. L'histoire n'est pas finie ; la géographie encore moins ; elles sont en marche et c'est l'humanité qui les pilote avec plus ou moins de sagesse. Les forces spirituelles et l'approfondissement des cultures peuvent vaincre toutes les menaces. Nul doute que si la Chine se pénètre de nouveau de la philosophie de Confucius et la renouvelle, elle soit appelée à rendre d'immenses services à l'humanité. Il n'est de richesse que d'hommes éduqués, curieux et libres de déployer leur imagination créatrice, vivant en paix grâce à des gouvernants éclairés, pleins d'énergie, d'espérance et de générosité. Que progressent l'amour du savoir, la liberté de penser et de s'exprimer, l'esprit critique, l'État de droit et l'empathie, l'optimisme ou, mieux encore, l'espérance, véritables valeurs spirituelles et universelles, et le réchauffement climatique apparaîtra comme un simple épiphénomène dans la longue histoire des relations de l'humanité avec son environnement. Que cette dernière s'abandonne à ses plus fâcheux penchants, au désespoir en particulier, et le moindre aléa environnemental entraînera des effets catastrophiques pour elle. Comme le prônait Spinoza : « Le désir qui naît de la joie est plus fort, toutes choses égales d'ailleurs, que le désir qui naît de la tristesse[1]. » Notre pro-

1. B. Spinoza, *Éthique*, IV, prop. 18.

tecteur nous l'a rappelé et recommandé lorsque certains d'entre nous l'ont rencontré il y a peu en compagnie de notre nouveau confrère Wolfgang Schäuble : délaissons nos passions tristes et abandonnons-nous aux passions joyeuses ! Il y va de l'avenir de l'humanité sur terre. C'est la mission de notre académie que d'y contribuer.

Le Japon, un paradoxe géographique

À l'occasion du 150ᵉ anniversaire
de la restauration de Meiji
et du 160ᵉ anniversaire de l'établissement
des relations diplomatiques
entre le Japon et la France
Séance solennelle de rentrée
du 12 novembre 2018

Cette année, Paris accueille d'innombrables manifestations culturelles de très haute qualité organisées sous la houlette de la Fondation du Japon et de la Maison de la culture du Japon à Paris, joliment intitulées « Japonismes 2018 : les âmes en résonance ». L'occasion en est le 150e anniversaire de la restauration de Meiji et le 160e anniversaire de l'établissement de relations diplomatiques entre le Japon et la France, le traité de paix, d'amitié et de commerce entre ces deux pays ayant été signé à Edo le 9 octobre 1858 par le baron Gros et les représentants de Tokugawa Iemochi, 14e et avant-dernier shogun du clan Tokugawa.

Les dernières années de l'ère d'Edo sont marquées par une véritable lune de miel entre le Japon et la

France, tout au moins entre le shogunat et la France, le *mikado* (titre de l'empereur Kômei) ayant refusé de ratifier le traité tant sa méfiance à l'égard des étrangers est grande. La restauration de la primauté impériale et l'abolition du shogunat en 1868 vont pour un temps ternir cette complicité, la France ayant choisi de soutenir le dernier shogun Tokugawa Yoshinobu plutôt que le jeune empereur Mutsuhito (devenu Meiji après sa mort) qui mit fin à l'ère d'Edo et au régime des maires du palais qu'étaient les shoguns. Néanmoins, les relations reprendront assez vite, en particulier sous l'impulsion de l'un des pères du capitalisme japonais, M. Shibusawa Eiichi qui séjourna un an et demi à Paris lors de l'Exposition universelle de 1867 et s'inspira du fonctionnement l'économie française de la fin du Second Empire. Il sera sur la fin de sa vie un grand ami de Paul Claudel.

La restauration impériale de Meiji est un événement majeur de l'histoire japonaise et un fait unique dans celle des rapports entre l'Occident et les autres civilisations. La plupart de ces dernières ont été détruites comme des pots de terre heurtés contre un pot de fer sur tous les continents de la planète : les civilisations amérindiennes, y compris les plus évoluées comme celles des Aztèques ou des Incas, celles de l'Afrique subsaharienne ou celles de l'Australasie. Quelques vestiges demeurent, mais très ténus par rapport aux raz-de-marée culturels en provenance d'Espagne, du Portugal, de France, du Royaume-Uni, des Pays-Bas, de Belgique. Les civilisations du subcontinent indien, de l'Asie du Sud et du monde chinois ont mieux résisté, mais elles sont entrées dans une sorte de léthargie ou ont subi des régimes totalitaires dont elles ne sortent que depuis peu. Le cas japonais diffère profondément de tous les autres ; il est unique en ce que ce pays a choisi il y a 150 ans d'adopter les techniques et les idées de l'Occident sans pour autant renoncer à ses valeurs, à sa propre culture, en conservant la maîtrise de la modernisation et de l'adaptation de celle-ci à la nouvelle réalité mondiale. La devise si concise et parlante de l'ère de Meiji est *wakon yôsaï*, « conserver l'âme », *kon*, « du Japon », *wa*, tout en adoptant le « talent », *saï*, de « l'Occident », *yô*. Les Occidentaux en ont surtout pris conscience avec stupeur en 1905 lorsque la grande puissance européenne qu'était la Russie perdit la guerre contre le pays émergent qu'était alors le Japon. Cela ne se reproduisit pas en 1945, mais les moyens que durent mettre en œuvre les États-Unis et leurs alliés pour emporter la guerre furent colossaux.

Pour comprendre cette originalité, il faut rappeler quelques éléments de la géographie historique japonaise. En dehors de l'occupation militaire américaine entre 1945 et 1951, le pays ne fut jamais soumis à une puissance étrangère. La Chine aurait pu envahir le Japon à plusieurs reprises, mais elle avait d'autres préoccupations sur le continent. De plus, les courants marins, les typhons fréquents en été et en automne rendaient son accès difficile. À deux reprises, en 1274 et 1281, des typhons providentiels baptisés *kamikaze* (dieu du vent) repoussèrent des expéditions mongoles lancées par Kubilai Khan en direction de Kyushu. Ajoutons la présence de nombreux pirates écumant la mer de Chine et celle du Japon. Pour les pays occidentaux, le Japon se situait à l'extrémité des routes maritimes intercontinentales et donc relativement protégé par l'éloignement. En revanche, depuis l'Antiquité, le Japon a toujours pratiqué ce que l'on pourrait appeler par métaphore « l'osmose culturelle inverse » : il s'est toujours informé de ce qui se passait au-delà de son archipel et de ses eaux territoriales. La technique la plus courante fut celle des chargés de mission envoyés sur le continent pour observer et rapporter des idées et des techniques. C'est ainsi que la révolution néolithique de la riziculture inondée s'est inspirée de la Chine à partir du IIIe siècle avant notre ère, au début de l'époque Yayoi. À partir du IIIe siècle après J.-C., le pays s'unifie sous l'égide de la dynastie Yamato (dont le fondateur mythique, Jimmu, aurait régné à partir de 660 avant notre ère), peut-être d'origine coréenne, implantée au début dans la plaine qui porte son nom, près de Nara. La particularité de la famille impériale est d'être toujours assise aujourd'hui sur le trône du chrysanthème et d'être ainsi la plus ancienne dynastie régnante de la planète. L'empereur a perdu, comme souvent au cours de son histoire, son pouvoir de gouverner, mais il est le chef de l'État et le « symbole du Japon », selon la Constitution de 1946-1947, rédigée en accord avec le général Mac Arthur qui a aidé avec finesse le pays à passer d'une dictature militaire à un empire constitutionnel qui est l'une des plus paisibles démocraties de la planète.

L'empereur est un facteur majeur de l'unité du pays et de sa stabilité politique. Pour le comprendre, il suffit d'observer de loin le Palais impérial de Tokyo,

« centre-ville, centre vide », selon l'expression de Roland Barthes, œil noir du cyclone d'une ville de 37 millions d'habitants, la plus vaste du monde, au cœur d'un bois sacré d'une centaine d'hectares où quasiment personne ne pénètre, qu'aucune ligne de métro ne traverse en souterrain, qui n'est survolé d'aucun aéronef. Seul y vit un humble empereur qui n'est officiellement plus un dieu depuis la renonciation de l'empereur Showa en 1946, mais qui est toujours considéré comme le descendant de la déesse du soleil Amaterasu, elle-même née d'Izanagi et d'Izanami, le couple divin créateur du Japon et du monde. Il faut aussi, pour pénétrer l'âme du Japon, se rendre au temple d'Ise, d'une beauté et d'une simplicité impressionnantes, rebâti à neuf tous les vingt ans, pour la 62e fois en 2013. L'empereur vient y vénérer le miroir sacré, l'un des *regalia* de la dynastie, et dialoguer avec sa divine ancêtre Amaterasu. Aucune photographie n'a jamais été prise de cet objet, pas plus que du bijou et de l'épée, les deux autres *regalia* impériaux. Tous ces rituels préservés intacts depuis la nuit des temps, de même que le shintoïsme dans son ensemble, peuvent surprendre dans un pays par ailleurs si performant dans les hautes technologies. Je renvoie à propos de cet apparent paradoxe à une phrase de l'écrivain Haruki Murakami : « Si tu as besoin qu'on t'explique pour que tu comprennes, ça veut dire qu'aucune explication ne pourra jamais te faire comprendre[1]. » Le Japon est, par excellence, le pays de l'ineffable, de la métaphore poétique des choses et des sentiments. C'est souvent

1. H. Murakami, *1Q84*, t. II, Paris, Belfond, 2011, p. 196.

très déroutant pour les rationalistes que sont devenus les Français, mais cela rapproche la civilisation japonaise de l'univers judéo-chrétien fondé sur le sens du mystère, des réalités qui dépassent l'entendement humain, celles des raisons du cœur que la raison ignore, si chères à Pascal.

Au fil des siècles, le Japon a importé un certain nombre d'éléments des civilisations étrangères, de Chine en particulier. Il les a assimilés et les a refaçonnés à sa manière : les idéogrammes dont ils ont tiré deux dérivés simplifiés, le bouddhisme dont la voie zen (*chan* en Chine) a rencontré le succès grâce à son dépouillement qui a séduit la caste guerrière des samouraïs. Cette dernière lui a donné un grand rayonnement qui survit aujourd'hui dans la ténacité et le souci de frugalité de nombreux Japonais, quelle que soit leur place au sein d'une société beaucoup moins pyramidale que dans la plupart des pays de la planète. Mentionnons aussi le modèle urbain quadrangulaire inspiré des capitales chinoises, avec leur Cité interdite, utilisé à Nara et à Kyoto et seulement là. À partir du xve siècle, le Japon importe de Chine et de Corée les principes du néoconfucianisme qui constituent d'efficaces moyens d'encadrement social et demeurent toujours très vivants. Ils conservent au Japon leur fraîcheur et leur élégance d'origine. Ils n'ont cessé d'y être respectés.

À l'issue de la rude période des batailles entre clans féodaux, le Japon est définitivement unifié par le shogun Tokugawa Ieyasu à partir de 1603. Arrêtons-nous brièvement sur le génie politique et le sens géographique qui furent les siens. Alors qu'en France les

Bourbons parviennent à vaincre les forces centrifuges à l'œuvre en attirant l'élite aristocratique et le haut clergé à Paris et à Versailles, Ieyasu imagine le système du *sankin kotai* : chaque *daimyo* (grand seigneur féodal) est tenu de passer une année sur deux à la cour du shogun qui se tient à Edo (Tokyo aujourd'hui), la nouvelle capitale, et l'autre année dans son fief, en laissant sa famille sous étroite surveillance à Edo, ce qui évite d'une part tout risque de sédition et, d'autre part, tout hiatus entre le peuple et l'élite. Un réseau d'excellentes routes permet ces migrations alternées, la principale étant celle du Tokaido qui relie Edo à Kyoto et qui constitue toujours le cœur actuel de la mégalopole japonaise. S'y ajoute un dense réseau de ports facilitant la navigation côtière. L'organisation de l'espace géographique japonais date de cette époque. Les autres choix singuliers de Ieyasu sont d'avoir interdit le christianisme, trop lié aux projets occidentaux, de même que l'entrée d'étrangers dans le pays et la sortie des Japonais hors de l'archipel. Une seule lucarne restera ouverte sur le monde pendant les deux siècles et demi de l'ère d'Edo : le minuscule îlot de Dejima dans le port de Nagasaki. Là, quelques dizaines de Hollandais protestants seront admis à commercer. C'est par eux que parviendront de nombreux livres européens traitant de tous les sujets, sauf de religion. Les Japonais les traduisent, ce qui permet à toutes les connaissances de l'Europe des temps modernes de pénétrer lentement, d'être méditées et, le cas échéant, adoptées au rythme choisi par le gouvernement. Encore aujourd'hui, innombrables sont les Japonais qui ont lu Platon, Shakespeare ou

Molière alors que rares sont encore les Européens qui connaissent les grands auteurs japonais. Cette longue *pax japonica* de l'ère d'Edo explique la solidité et la sérénité de la culture japonaise, en même temps que sa curiosité demeurée intacte à l'égard de tout ce qui vient de l'étranger mêlée d'une capacité de choisir avec discernement ce qui est susceptible de l'enrichir. Chemin faisant, les Japonais ont acquis une grande capacité à accepter les réformes que leurs dirigeants jugent nécessaires et à accomplir avec détermination les efforts qu'elles exigent. Il y a peu de pays au monde qui ont poussé aussi loin ce trait de mentalité si exotique pour les Français.

Alors que la France est extravertie à l'extrême depuis les croisades au moins, héritière en cela de la voie romaine chère à notre confrère Rémi Brague et fidèle à l'esprit de mission né du christianisme, tout au long de son histoire et jusqu'à une date récente, le Japon n'a eu ni le savoir-faire ni le goût de communiquer vers l'étranger. Son opacité était telle il y a 160 ans que le gouvernement français ignorait que le pouvoir était partagé entre un empereur et un shogun. Même le spectaculaire relèvement du Japon après 1945 était passé relativement inaperçu en France. Pourtant, de 1968 à 2010, il est demeuré la deuxième puissance mondiale, avant d'être dépassé par la Chine tout de même onze fois plus peuplée ! Chacun se souvient de l'indifférence du général de Gaulle à l'égard du Premier ministre Ikeda Hayato lors de sa visite de novembre 1963 et de la malheureuse phrase qui lui fut prêtée à son issue, qui le traitait de marchand de transistors. Encore en 1991, un Premier ministre français osa des propos sur les Japonais témoignant d'une ignorance abyssale et, il faut bien le dire, coupable. Remercions les Japonais de ne pas trop nous en vouloir et de continuer à vouer à la France et à sa culture une sincère et touchante admiration. Avant-guerre, il y eut Paul Claudel, mais après-guerre, la relation nippo-française a manqué d'un Alain Peyrefitte dont on connaît le rôle dans le dégel sino-français.

Jusqu'à Meiji, il n'y eut point d'ambassadeurs du Japon, point de voyages d'explorations, point de projet d'expansion territoriale. Lorsque le pays voudra imiter l'Occident au XXe siècle et se constituer un empire colonial, entre 1910 et 1945, il sera le moins intégrateur de tous les pays expansionnistes et colonisateurs de l'histoire universelle, sans doute alors trop persuadé de sa supériorité raciale et culturelle. Depuis quelques décennies, le Japon a changé du tout au tout sa manière d'être au monde et s'est ouvert par ses exportations de biens manufacturés et de services, ses techniques, ses arts plastiques, sa littérature, son cinéma, sa gastronomie, toute son esthétique si singulière. Il s'est largement tourné vers le monde extérieur sans jamais plus faire preuve de la moindre arrogance, quoiqu'en pensent certains de ses voisins.

Permettez-moi d'attirer votre attention sur quelques-unes des particularités qui distinguent la civilisation japonaise du reste du monde aux yeux des géographes. Une originalité certaine concerne sa relation à l'environnement, terme que j'emploie à dessein plutôt que « nature », car le peuple japonais estime faire partie intégrante de cette dernière, alors que les Occidentaux se considèrent de plus en plus comme les prédateurs d'une prétendue bonne nature que l'humanité gangrènerait par ses actions irréfléchies. C'est ce qu'exprime le livre intitulé *Fûdo*, écrit en 1935 par philosophe japonais Tetsurô Watsuji. Dans cet essai, l'auteur s'inscrit en faux contre la théorie des climats d'Aristote, d'Hippocrate ou de Montesquieu et va plus loin encore que feu notre confrère Vidal de La Blache. Il balaie tout déterminisme environnemental sur les activités humaines et analyse la manière dont les sociétés vivent leur milieu, font corps avec lui, s'en nourrissent matériellement et symboliquement tout en le transformant pour le mettre à leur service, sans complexe ni culpabilité. Le Japon est un territoire enchanté pour ses habitants, réalité qui n'est plus vécue aujourd'hui que par les peuples premiers demeurés animistes qui se comptent sur les doigts de la main. Il est vrai que le shinto, religion ancestrale de l'archipel, est un animisme profondément ancré dans l'âme japonaise, ce qui en fait un cas unique au sein des pays de l'OCDE. En découle ce choix japonais de vivre dans les plaines et de laisser aux dieux et à la forêt les montagnes qui représentent 85 % de l'espace de l'archipel, choix qui n'est nullement dicté par une nécessité environnementale impérative. Il explique aussi que peu de peuples font preuve d'une telle capacité de résilience après les catastrophes. Cela ne tient pas à une sorte de résignation face aux éléments capables de se déchaîner – éruptions volcaniques, tremblements de terre parfois suivis de tsunamis, typhons, inondations, glissements de terrain –, car bien des techniques sont mises en œuvre pour les contrer, mais à une conscience assumée que tout peut arriver et à une relation à la mort plus apaisée que dans bien des pays riches. Il faut tout de même signaler que malgré les efforts colossaux qui ont été réalisés tout au long de l'histoire japonaise pour atténuer les effets de ces épisodes brutaux, les catastrophes qui surviennent sont davantage anthropiques que naturelles. Ainsi, le tsunami de Fukushima en 2011 a fait 23 500 morts, pour l'essentiel des habitants de la plaine inondable qui n'avait été que récemment urbanisée, comme dans les drames français de Vaison-la-Romaine et La Faute-sur-Mer. Ajoutons que la résilience japonaise joue aussi pour les cataclysmes géopolitiques, comme en témoigne son relèvement rapide après la défaite de 1945 qui mit fin à la Seconde Guerre mondiale, laquelle avait fait 3,5 millions de morts militaires et civils et transformé l'archipel en un champ de ruines.

Une autre particularité japonaise – qui se retrouve aussi dans de rares autres pays comme Singapour ou Taïwan – est l'harmonie sociale qui y règne. C'est d'ailleurs la signification réelle de *wa*, l'ancien nom du Japon, avant qu'il ne soit nommé *nippon*, « pays du soleil levant », en référence à sa position par rapport au continent chinois. Il est vrai que l'archipel est peuplé en presque totalité par des Japonais de vieille souche – même si leurs origines lointaines sont très variées –, que les immigrés d'origine coréenne ou chinoise ont souhaité s'assimiler complètement, allant jusqu'à changer de nom, et que l'immigration actuelle est homéopathique par comparaison avec les situations que vivent l'Europe et l'Amérique du Nord. L'unité nationale est une réalité vécue profondément et, désormais, sereinement, sans que quiconque n'éprouve le besoin de la questionner ou d'en douter. Le discours la concernant, appelé *Nihonjiron*, est cependant poussé un peu trop loin tant il exalte la singularité japonaise, son caractère incomparable, l'homogénéité de la culture, l'impossibilité des étrangers de la comprendre dans son intégralité. Un certain nombre de japonologues étrangers prennent au contraire un malin plaisir à insister sur « l'envers du consensus » (Jean-Marie Bouissou), les fractures mal dissimulées, prédisant depuis les années de la haute croissance un déclin, voire un effondrement du modèle qui ne se vérifie toujours pas.

Outre l'homogénéisation des vagues de peuplement réalisée au cours de deux millénaires, l'harmonie tient aussi et surtout à des pratiques sociales anciennes renforcées par les principes confucéens. L'élan collectif prime le moi. Cela ne veut pas dire que chaque Japonais n'ait pas sa personnalité, souvent forte, et ses idées propres, mais il n'est pas habituel de les exprimer en toutes occasions. Respecter des codes et rites sociaux est un noble idéal qui ne se confond pas avec ce que les Occidentaux nomment conformisme. On trouverait une situation comparable en Corée du Nord, mais la différence majeure est que le Japon est une démocratie attachée à la liberté de penser et d'expression, non un totalitarisme...

Vivre en harmonie demeure aujourd'hui un idéal encore bien réel malgré les très hautes densités de population – 340 habitants au kilomètre carré en moyenne, en réalité quatre ou cinq fois plus dans le « Japon utile », celui des plaines, surtout dans la mégalopole qui s'étend de Sendai à Fukuoka dont le pôle est la région capitale du Kanto. Il en est résulté pendant longtemps une pollution de l'air, des eaux douces et des rivages difficilement supportable, mais celle-ci a été largement jugulée, même si le pays est toujours un grand émetteur de gaz carbonique.

Deux autres valeurs issues du confucianisme ont été cultivées par les Japonais. Elles sont profondément liées : le goût d'apprendre tout au long de sa vie et le sens du travail bien fait. Bien des analystes japonais ou étrangers soulignent les archaïsmes du système éducatif de l'archipel, mais le résultat est là : le Japon arrive second dans le classement PISA des pays de l'OCDE (qui mesure auprès des jeunes de 15 ans les performances scolaires), juste derrière Singapour, alors que la France est en 26e position, à une place derrière les États-Unis. Réformer l'école japonaise est sans doute une nécessité, mais la prudence invite à ne pas jeter le bébé avec l'eau du bain, car on ne saurait dissocier le haut niveau d'éducation du plein-emploi. Si les emplois précaires et peu qualifiés sont sans doute trop répandus et si le système des retraites demande à être réformé, le taux de chômage n'est que de 2,81 %, de très loin le plus bas des pays de l'OCDE avec celui de l'Islande, un pays de 350 000 habitants… C'est au couple éducation-travail que le Japon doit principalement son rang économique mondial. Seule la spectaculaire croissance de la Chine l'a déplacé de la deuxième à la troisième place – ou à la quatrième si l'on veut considérer l'Union européenne comme une entité.

Dernier paradoxe extrêmement fécond : l'absence de contradiction entre la maîtrise de la technique, la poésie et l'amour des arts. Cela tient à une vieille tradition d'origine chinoise, celle des trésors nationaux vivants dont le savoir-faire et le talent créatif sont aussi épanouis que leur humilité est profonde face à la beauté absolue. Le peuple japonais est profondément imprégné de sens esthétique. En témoignent, par exemple, la place de la calligraphie dans l'univers quotidien, sa cuisine, son art des jardins, ses arts plastiques, etc.

Il y a tout de même des fêlures dans le modèle japonais : la démographie est sans doute la principale. Avec un indice de fécondité de 1,4 enfant par femme en âge de procréer, le Japon occupe l'un des rangs les plus bas de la planète. Il est entré dans une phase de diminution et de vieillissement de sa population. Cela tient en partie à la durée des journées de travail et à l'augmentation du taux d'emploi féminin. Sans doute plus que dans d'autres pays, faire carrière pour une femme au Japon et plus généralement en Asie implique de grands efforts et sacrifices dans le domaine de la vie privée. Outre les problèmes économiques que cela pose déjà dans un pays où l'espérance de vie est la plus élevée au monde (88 ans : 90,1 pour les femmes, 85,4 pour les hommes), il y a des raisons de s'inquiéter pour l'optimisme et l'énergie vitale d'un peuple qui n'en a jamais manqué jusqu'à maintenant, même au cœur de l'adversité absolue. La population du Japon commence à en prendre conscience et il n'existe aucune fatalité en la matière, pas plus que dans les pays d'Asie dont la situation est proche comme la Corée, Taïwan, Hong Kong ou Singapour. Le début du redressement de la démographie chinoise en est la preuve. Seule la jeunesse pousse une société vers l'imagination féconde et le dépassement de soi.

Dans le domaine des habitudes de travail, le Japon doit comprendre que l'efficacité du travail n'implique pas nécessairement des semaines de 80 heures. La réunion de travail est une passion japonaise qui est considérée comme indispensable à l'efficacité de l'entreprise ou du service public. Elle ne doit pas être un antidote névrotique à la peur de se retrouver seul face aux décisions à prendre.

L'harmonie sociale recherchée par tous les moyens dont celui qui vient d'être évoqué, pour impressionnante qu'elle soit présente aussi des inconvénients, tant les moyens pour y parvenir sont exigeants. Elle peut parfois se retourner contre ses membres individuels lorsqu'ils se distinguent trop au sein des groupes. On évoquera, par exemple, les persécutions scolaires qui sont devenues un problème préoccupant, aux conséquences parfois tragiques mais dont le Japon n'a hélas pas le monopole.

Un autre défi à relever est celui de la situation géopolitique régionale. La relation nippo-chinoise implique une concurrence grandissante dans le domaine économique, mais aussi politique et militaire. La Constitution japonaise précise de manière explicite l'engagement non-militariste du pays. Celui-ci n'est évidemment tenable qu'avec l'aide du vainqueur magnanime de 1945, les États-Unis. Il y a longtemps que les gouvernements américains successifs poussent le Japon au réarmement et le gouvernement japonais actuel s'engage lentement dans cette direction. L'énigmatique Corée du Nord a longtemps constitué un grand souci pour le Japon. Il n'est pas impossible et il est surtout souhaitable que la situation évolue dans une heureuse direction. La mondialisation a, d'une manière générale, favorisé le Japon depuis la fin de la dernière guerre, du fait de son avance technique et éducative. Un certain nombre de pays de tous les continents sont aujourd'hui en plein essor. Maintenir cette avance, rendue nécessaire par l'absence totale de matières premières sur l'archipel et une population de plus de 126 millions d'habitants à nourrir, réclame le maintien en ordre de marche de la cohésion sociale et politique du pays, de son très haut niveau d'éducation et donc de recherche théorique et appliquée (c'est le 6e pays au classement du nombre des prix Nobel attribués depuis l'origine, derrière les États-Unis, la Russie, l'Allemagne, la France et la Suède).

Fréquenter le Japon et les Japonais est toujours stimulant pour un Français, parfois apaisant, cruel à l'occasion pour qui compare, par exemple, les universités des deux pays, les systèmes ferroviaires, la propreté des rues, les formes d'urbanité ou l'efficacité et l'atmosphère qui règne au sein des entreprises. Puisse cette année consacrée à l'approfondissement de nos relations permettre à nos deux pays de mieux se connaître, s'apprécier et échanger ce qu'ils ont de meilleur à transmettre. On l'observe, par exemple, avec éclat dans le domaine culinaire. Les géographes professent volontiers que l'ignorance de leur discipline est une arme de destruction massive. J'ai le sentiment que les Japonais connaissent mieux la France que les Français ne connaissent le Japon. Le moment est vraiment venu de rétablir l'équilibre. Par la diversité de ses centres d'intérêt, notre académie peut et doit y contribuer.

Les caractères originaux de la géographie de la France

Séance solennelle de rentrée du 4 novembre 2019

Finistère de l'Europe continentale, la France s'est construite au fil d'un millénaire comme nation, comme État, comme espace géographique unifié. Rien n'était écrit d'avance, aucun trait de sa configuration physique ne la prédisposait à naître et à durer dans son périmètre et dans son organisation actuels. Sa géographie résulte de choix culturels s'incarnant dans un projet géopolitique. Elle est parvenue à un moment de son histoire où elle est enfin en paix avec ses voisins, mais où, peut-être en partie pour cette raison, sa cohésion interne est fragilisée, ses habitants ont moins confiance en eux-mêmes. Pour rebondir et inventer un nouveau désir de vivre ensemble dans la diversité partagée sur le territoire qui est le leur, pour continuer à rayonner sans arrogance sur l'Europe et sur le monde, les Français doivent faire preuve d'imagination. Mieux réfléchir à la manière dont ils se sont constitués en nation et dont ils ont organisé leur espace vital peut leur donner un nouvel élan et les inciter à dépasser leurs peurs actuelles, celle de la mondialisation et celle d'un effondrement environnemental planétaire. Pour cela il leur faut sortir des impasses de l'individualisme forcené et de la fascination par la consommation de biens matériels. Un pays ne peut s'épanouir que s'il est animé d'un idéal collectif nourri de générosité et d'un optimisme à toute épreuve. C'est aussi la condition d'une démographie dynamique sans laquelle il cesse d'être inventif, s'enfonce dans l'ennui, puis se laisse aller à ses pires penchants.

DES MILIEUX CRÉÉS ET MOUVANTS

Comme dans toute géographie, il n'existe aucun trait permanent du territoire français, ni aucun déterminisme physique, mais uniquement des choix humains plus ou moins rationnels, plus ou moins durables. Ses climats ont sans cesse varié, parfois de manière rapide comme c'est le cas en ce moment. Ses reliefs et son réseau hydrographique eux-mêmes, d'apparence plus stable, ne valent que par la manière dont ils ont été considérés et mis en valeur. Si le Massif central ou le Rhône n'ont pas bougé au cours de l'histoire, leur rôle a beaucoup varié, tantôt angle mort et frontière, tantôt charnière et espace de contact ou de convoitise. N'oublions pas que le concept même de Massif central est une invention des géographes de la IIIe République qui, pour des raisons géopolitiques, ont chanté son rôle de château d'eau irriguant une grande partie du pays et de pôle émetteur d'émigrants couvrant la France de cafés-bois-charbon et contribuant ainsi à forger l'unité nationale plus joyeusement que la Grande Armée de Napoléon ou les tranchées de la Grande Guerre. Plus hautes montagnes d'Europe, les Alpes n'ont jamais réellement constitué une frontière. Leur traversée par les troupes et les éléphants d'Hannibal en 218 av. J.-C. ne dura au total que 25 jours ; elle s'effectue aujourd'hui en quelques heures, ce qui n'est pas le cas des Pyrénées, sauf en leurs extrémités, car cette nécessité ne s'est jamais imposée dans la relation franco-ibérique. La chaîne alpine fut longtemps un espace de labeur harassant et peu payant, comme Chateaubriand l'écrivait du Mont-Blanc qui ne l'émouvait guère en 1808[1], mais c'est Jean-Jacques Rousseau qui en fut le prophète et aujourd'hui les alpages sont aussi fréquentés en hiver et en été que le métro parisien aux heures de pointe.

Les deux mers et l'océan qui baignent les côtes du pays ont été exploités depuis l'Antiquité comme de grandes fenêtres ouvertes sur le monde. Ce n'est pas général à la surface de la terre : la Chine, l'Inde ou bien encore les empires amérindiens maya et aztèque, pourtant largement ouverts sur les océans, possèdent des histoires maritimes sans commune mesure avec celle des pays européens riverains de l'Atlantique, de la mer du Nord et de la Méditerranée, singulièrement de la France, animés par le désir de transmettre. Le littoral n'était jadis estimé qu'en fonction

1. F.-R. de Chateaubriand, *Voyage au Mont-Blanc et réflexions sur les paysages de montagne*, Paris, Mercure de France, 1808 ; rééd., Rezé, Séquences, 1992.

de ses possibilités portuaires, en général au droit des estuaires. La mer elle-même n'attirait que les marins professionnels (pêcheurs, marchands, forces navales). Elle est devenue si attractive qu'un dixième de la population vit dans les communes littorales, et plus de 20 % en été.

Le Val de Loire a longtemps été considéré comme le milieu le plus emblématique de la France, son berceau, son conservatoire linguistique – une « région sans accent », dit Jacques Puisais à propos de sa prononciation et de ses vins –, son jardin et son archétype paysager, son paradis inspirateur des poètes. Il doit certes sa réputation à son climat qu'épargne tout excès, mais surtout à son élection par les rois de France et leur cour et au colossal travail de maîtrise d'un fleuve fantasque, naguère étudié par Roger Dion dans sa thèse. Le reste n'est que littérature et c'est très bien ainsi.

Les bons et beaux pays de France ont longtemps été les seules plaines cultivables et donc les greniers à blé du pays : plateaux du Bassin parisien, plaine du Nord, Limagne, Alsace, vals de Saône et de Garonne. Péguy pouvait encore en 1913 chanter l'océan des blés dans sa *Présentation de la Beauce à Notre-Dame de Chartres*. Aujourd'hui, bien que toujours indispensables à notre économie, ces espaces découverts attirent moins les poètes que les autoroutes, les lignes TGV et les planteurs d'éoliennes. La plupart des campagnes où l'on a vécu nombreux à la sueur de son front pendant des siècles sont maintenant des espaces désertés où se désespèrent les derniers agriculteurs, moins nombreux que les résidents secondaires qui ne supportent pas le chant des coqs, le son des cloches et l'odeur de fumier, mais aimeraient que les paysages soient bien entretenus pour leur plaisir esthétique. Seules exceptions : les vignobles et les zones d'appellations d'origine protégées où l'on vit plutôt bien et où l'envol des prix du foncier décourage les horsains. Quant aux forêts, qui occupent 30 % du territoire, elles furent longtemps des espaces de pâturage, également pourvoyeuses de bois et de gibier. Elles sont devenues des lieux de récréation où les forestiers et les chasseurs ne sont plus les bienvenus, malgré le déficit de la filière bois et l'invasion de sangliers et de cervidés.

Enfin, les villes ont vu leurs attraits se déplacer. Longtemps insalubres, leurs centres dégradés étaient jugés laids. Ceux qui en avaient les moyens choisissaient, comme un peu partout dans le monde, de vivre dans les périphéries verdoyantes et aérées. Même les pauvres rêvaient dans les années 1930 d'un petit pavillon entouré d'un jardin et, dans les années 1960, d'un logement HLM dans un grand ensemble flambant neuf. Aujourd'hui, les centres urbains ont été restaurés, la pollution a diminué et ils se sont embourgeoisés ou « boboïsés » : il suffit de parcourir les rues qui entourent notre palais de l'Institut ou le Marais, qui faillit être rasé après-guerre si Malraux ne l'avait pas classé « secteur sauvegardé ». Les banlieues populaires, au contraire, surtout les 195 zones à urbaniser en priorité créées à partir de 1958 selon les sectaires principes de la Charte d'Athènes de Le Corbusier, cumulent tous les handicaps et sont devenues des espaces de chômage, d'insécurité et de répulsion.

Ainsi, en un siècle, le regard porté sur les milieux français et donc l'attractivité de ceux-ci ont été largement inversés. Un peu de bon sens politique permettrait d'éviter les conséquences absurdes de ce retournement aussi brutal qu'irréfléchi. On ne regrettera pas la mise en sommeil de la Datar (Délégation à l'aménagement du territoire et à l'action régionale), fondée en 1963, qui est largement responsable de cette situation.

Michelet ou Braudel ont cru, un peu naïvement, que l'un des traits de la géographie de la France était l'exceptionnelle variété de ses milieux : j'utilise à dessein le mot « milieu » qui désigne la complicité séculaire entre un environnement physique, des activités humaines diverses s'étalant sur le temps long, enfin des perceptions paysagères et des goûts esthétiques qui varient d'une génération à l'autre. En réalité, la France est un résumé des milieux de l'Europe des latitudes moyennes, mais sa diversité n'est en rien plus grande que celle du reste de la planète. Cette croyance est un *topos* imaginé par l'élite pour affirmer une sorte de supériorité qui serait la foisonnante richesse de la France dans tous les domaines : paysages, climats, productions, beaux-arts, fromages, cuisines, vins, etc. Alors que Paris et l'État ont œuvré de toutes leurs forces pour homogénéiser, voire uniformiser le pays, cette diversité fièrement proclamée apparaît comme une sorte d'antidote, même si elle relève parfois de la pensée magique et de la méthode Coué. J'en veux pour preuve la campagne rondement menée par l'État auprès de l'Unesco pour que soient inscrits en 2015 sur la liste du patrimoine mondial les 1 247 terroirs viticoles de Bourgogne, appelés localement « climats », palette chatoyante qui a été reconnue comme possédant une

« valeur universelle ». Par bonheur, le fait est admis par tous les amateurs des grands vins de cette région, dont une infime proportion est bue en France !

Héritiers des civilisations judéo-chrétiennes et plus largement méditerranéennes, jusqu'à une date récente, les Français n'ont jamais vénéré la « nature » au sens que lui donnent aujourd'hui les tenants de l'écologie intégrale qui plonge ses racines dans les mythologies des peuples du Nord. Ils ont longtemps agi en « maîtres et possesseurs de la nature[1] », comme l'écrivait Descartes, conformément au message de la Bible : « Tu formas l'homme par ta Sagesse pour qu'il soit maître de Tes créatures, qu'il gouverne le monde avec justice et sainteté[2]. » Si la France est l'une des patries des droits de l'homme, elle ne l'est pas du droit des animaux, des plantes, des eaux et des roches. C'est pourtant un courant de pensée qui progresse, comme dans la plupart des pays du monde et des organisations internationales mettant en œuvre l'idée de « contrat naturel » qui avait curieusement séduit notre confrère de l'Académie française, feu Michel Serres. Hermann de Keyserling, grand seigneur balte-allemand, pétri de culture française, admirait cette liberté à l'égard de l'environnement : « Le Français est jardinier essentiellement et au plus haut degré. [...] La France est essentiellement à tous égards la nature cultivée, ce qu'est précisément un jardin[3]. » Les

1. R. Descartes, *Discours de la méthode* (1637), texte établi par Victor Cousin, Strasbourg, Levrault, 1824, t. I, 6ᵉ partie.

2. Livre de la sagesse, 9, 2-3.

3. H. de Keyserling, *Analyse spectrale de l'Europe* (1928), Paris, Gonthier, 1965, p. 38.

parcs nationaux, sanctuaires d'une vie prétendument sauvage, n'ont jamais beaucoup tenté la France qui leur préfère les « parcs naturels régionaux », laboratoires d'une harmonie entre des activités humaines variées, y compris industrielles, et le cadre de vie. Leur philosophie mériterait de se généraliser au territoire entier et à toute la planète.

LA NATION FRANCE

La France est avant tout une idée, un sentiment national plus ou moins bien partagé par ses habitants, au cours d'une histoire qui a connu des vicissitudes, des enthousiasmes, des découragements, des drames tels que des guerres civiles ou des invasions. Par les temps que nous vivons, il faut relire le texte éclairant de la célèbre conférence prononcée par Renan à la Sorbonne le 11 mars 1881, si juste du point de vue de l'histoire autant que de la géographie : « Une nation est une âme, un principe spirituel [...]. L'homme n'est esclave ni de sa race, ni de sa langue, ni de sa religion, ni du cours des fleuves, ni de la direction des chaînes de montagnes. Une grande agrégation d'hommes, saine d'esprit et chaude de cœur, crée une conscience morale qui s'appelle une nation [...]. Les nations ne sont pas quelque chose d'éternel. Elles ont commencé, elles finiront. [...] Une nation [...] suppose un passé ; elle se résume pourtant dans le présent par un fait tangible : le consentement, le désir clairement exprimé de continuer la vie commune. » Il est préoccupant de voir beaucoup de nos compatriotes s'éloigner de ce programme, bafouer la démocratie représentative et refuser que l'État exerce certaines de ses missions régaliennes telles que : maintenir l'ordre et assurer la sécurité de tous, gérer avec rigueur les finances publiques, veiller à ce que chacun puisse recevoir une instruction lui permettant de trouver un emploi et que le travail, l'effort et le mérite soient dignement rémunérés. Ce sont des signes d'un essoufflement de l'esprit de nation qui a fait la géographie de la France[1].

D'où venait ce sentiment si fort qui s'affadit aujourd'hui et qui a constitué pendant au moins un millénaire le ciment du territoire français ? Née au cœur du Bassin parisien, dans et autour de la fertile plaine de France, la dynastie capétienne a constitué peu à peu une pelote de territoires. Elle est l'héritière de l'esprit romain, qui fédère autour de valeurs fortes des peuples divers, idée que Charlemagne avait su brièvement faire renaître à la fin du VIIIe siècle. L'une de ces valeurs est le christianisme. C'est de lui que découle ce refus ancien du droit du sang au profit d'un droit du sol conditionné par une adhésion totale à la nation. Et comme Jérôme Fourquet le montre dans son ouvrage qui décrit l'atomisation de la France[2], c'est du fait de l'abandon récent du catholicisme, y compris dans ses avatars sociologiques, que la nation

1. Y. Lacoste, *Vive la nation. Destin d'une idée géopolitique*, Paris, Fayard, 1998 ; F. Encel, Y. Lacoste, *Géopolitique de la nation France*, Paris, Puf, 2016.

2. J. Fourquet, *L'Archipel français*, Paris, Fayard, 2019.

ne fait plus rêver les Français. La fusion de l'idée romaine et de l'idée chrétienne s'est incarnée pendant longtemps dans la personne du roi, sacré à Reims, et dont le prestige s'est renforcé après la canonisation de saint Louis en 1297. Elle a connu des soubresauts à chaque crise dynastique, mais elle a survécu jusqu'à une date récente, la République ayant pleinement assumé l'idée de nation et ayant repris à son compte les valeurs chrétiennes que sont la liberté, l'égalité, la fraternité, dont la société est aujourd'hui en train de détourner le sens beaucoup plus vite qu'au cours des deux siècles qui ont suivi la Révolution française.

C'est en Île-de-France que naîtra au Moyen Âge le plus éclatant symbole de la jeune nation qui s'édifie, l'art dit « français », celui des cathédrales, que les intellectuels des Lumières qualifieront par condescendante dérision de « gothique », mais qui a tant fasciné l'Occident qu'il sera imité jusqu'en Suède, en Pologne, en Angleterre, en Castille ou en Sicile. Au fil des siècles, les Capétiens cherchent à maîtriser pleinement l'accès aux mers proches, la Manche et l'océan Atlantique, puis la Méditerranée, plus tard à mordre sur les terres d'empire. La ligne Rhin-Jura-Alpes, abusivement baptisée « frontière naturelle », ne sera établie en totalité qu'entre la fin du XVIIe et la deuxième moitié du XIXe siècle. La frontière du Nord est proche de la capitale, car les fortes densités de population des plaines situées dans cette région et les libertés urbaines précocement obtenues ont rendu les conquêtes royales et napoléoniennes difficiles et provisoires. Chemin faisant, la France faillit disparaître au cours de la guerre de Cent ans sous la pression anglaise et bourguignonne, puis éclater en morceaux pendant les guerres de Religion ou la Fronde. Ce sont ces troubles qui ont accentué la volonté centralisatrice du pouvoir royal et le renforcement de l'idée nationale. Les Bourbons, inspirés ou soutenus par leurs grands serviteurs que furent Sully, Richelieu, Mazarin ou Colbert et bien d'autres, ont opté pour l'affaiblissement des institutions provinciales qu'étaient les États et parlements. Les empires, monarchies, républiques qui se sont succédé depuis la Révolution ne sont jamais revenus sur ce choix, bien au contraire. La France s'en est trouvée unifiée sous la domination de Paris qui a rayonné sur un espace de plus en plus vaste de l'Europe occidentale et du monde, mais a progressivement créé le vide alentour, asséchant la province de son élite et créant le désert français[1]. Je n'en donnerai qu'un seul symptôme, qui résume à lui seul l'une des facettes du mal français : de 148 aristocrates pensionnés par le roi et vivant près de lui en 1520, leur nombre est passé à 14 000 sous Louis XVI, sans compter les pensionnés des princes[2]. Jean d'Ormesson, né dans ce milieu, le décrit fort bien[3] : « On aurait pu croire, chez nous, que l'argent n'existait pas. Il n'existait pas, évidemment, parce que nous en avions. Mais personne n'aurait jamais eu le front d'en parler. Ni, naturellement, d'en gagner. L'argent, comme le cancer,

1. J. -F. Gravier, *Paris et le désert français*, Paris, Le Portulan, 1947.

2. P. de Vaissière, *Gentilshommes campagnards dans l'ancienne France* (1904), Genève, Slatkine-Megariotis, 1975, p. 13.

3. J. d'Ormesson, *Au plaisir de Dieu*, Paris, Gallimard, 1974, p. 23.

la tuberculose, les maladies vénériennes, était l'objet d'un traitement qui consistait d'abord à le plonger dans le néant. L'image du monde que nous valait ce silence était un peu obscure, mais tout à fait charmante. » Cet adjectif « charmante » fait sourire, mais il dénote un écart de perception de l'argent au sein de la société française qui explique la force du sentiment de frustration de ceux qui n'en ont pas et que la crise dite des « Gilets jaunes » à l'automne 2018 a bien mis en évidence. Il faut regretter que Louis XIV ait renoncé à appliquer le projet de dîme royale que Vauban lui avait proposé et qui aurait placé la France sur des rails économiques et sociaux bien plus sûrs et plus justes. Le colbertisme qui continue à être enseigné et pratiqué en haut lieu dans notre pays a ses vertus, mais aussi beaucoup d'inconvénients. Peut-être devrait-on le métisser d'un peu de vaubanisme...

C'est non seulement l'une des causes de la Révolution française, mais aussi du retard pris dans le domaine agricole et industriel par rapport à l'Angleterre, où la plupart des propriétaires terriens sont restés jusqu'à aujourd'hui sur leurs terres. Le général de Gaulle avait confié à Alain Peyrefitte qu'il ne partageait pas son point de vue quant aux conséquences très négatives de l'exode de la noblesse vers Paris. Il admirait toutes les décisions prises par Louis XIV pour donner plus de dignité à la fonction royale, centraliser et renforcer la grandeur de la France[1]. Ajoutons une autre fâcheuse décision du Roi-Soleil : la révocation de l'Édit de Nantes en 1685, qui a chassé plus de

1. A. Peyrefitte, *Le Mal français*, Paris, Plon, 1976, p. 103.

200 000 citoyens d'élite du pays, partis mettre leurs talents au service de plusieurs pays d'Europe du Nord ou d'outre-mer, et ce malgré les avertissements du décidément clairvoyant Vauban à son souverain.

Ce n'est pas un hasard si la principale résistance à la Révolution française est venue des bocages de l'Ouest, là où un humble et pieux clergé et de peu fortunés hobereaux résidant en leurs demeures rurales continuaient à encadrer les populations qui leur étaient dévouées. C'est encore l'une des régions de France où se créent le plus d'entreprises et où le taux de chômage est le plus faible (7,2 % en Pays de la Loire). La situation française est assez comparable en ce domaine à celle de la Russie tsariste qui, elle aussi, pour n'avoir pas su se réformer à temps et en profondeur, a basculé dans une sanglante révolution menée par d'habiles idéologues, suivie de près d'un siècle de totalitarisme.

Il sera difficile de revenir sur l'hypercentralisation française, si tant est qu'un tel projet puisse voir le jour. Au fond, la décentralisation n'a jamais été vraiment souhaitée par l'élite politico-administrative dont le jacobinisme est entretenu au sein de quelques pépinières où l'on forme les futurs hauts fonctionnaires. Il est d'usage de vilipender ce qui est appelé avec mépris le « millefeuille territorial », de nier le principe de subsidiarité et de continuer à penser que l'État a un rôle essentiel à jouer dans tous les secteurs de la vie du pays. Outre ses missions régaliennes, celui-ci prétend gérer au mieux l'éducation, la culture, la santé, mais aussi la production énergétique, une partie de l'industrie ou certains services comme les transports.

Il dépense pour cela 57 % de la richesse nationale (44 % de prélèvements obligatoires), record des pays de l'OCDE. Le débat sur la privatisation de la compagnie Aéroports de Paris est considéré comme surréaliste par tous les pays de l'OCDE, mais nombreux sont les Français qu'il ne choque pas, que leur sensibilité politique soit de gauche ou de droite. Beaucoup pensent que seul l'argent public est propre, efficace et juste, tandis que l'argent privé est éminemment suspect. Ils attendent tout d'un État dans lequel ils n'ont pourtant pas confiance, comme le montre depuis si longtemps la contestation des gouvernements, quels qu'ils soient, à l'occasion violente, qui est devenue une sorte de sport national. Dans un pays qui porte si fièrement la démocratie en bandoulière, c'est une forme aigüe d'irresponsabilité et une inversion de sa tradition catholique qui, elle, invite à croire en Dieu et à lui vouer une confiance infinie, puisqu'il ne veut que le bien de l'humanité, mais propose à cette dernière de mériter son paradis, sans aucune prédestination. Imaginez le tollé que provoquerait la reprise à son compte par le président de la République française de la célèbre phrase de Kennedy dans son discours d'investiture du 20 janvier 1961 : « Ne demandez pas ce que votre pays peut faire pour vous. Demandez ce que vous pouvez faire pour votre pays » ?

Beaucoup pensent qu'il faut mieux redistribuer les revenus et se rapprocher de l'égalité parfaite, dont on sait de quel succès elle a été couronnée au sein du bloc soviétique, en Chine maoïste ou en Corée du Nord. Comme l'écrit Chateaubriand, « les Français [...] n'aiment point la liberté ; l'égalité seule est leur idole. Or, l'égalité et le despotisme ont des liaisons secrètes[1] ». Denis Olivennes prétend que l'« on a l'un des systèmes les plus égalitaires du monde, et pourtant chacun a le sentiment de vivre dans un régime d'injustice[2] ». La différence entre égalité de revenus et égalité des chances échappe aujourd'hui à une grande partie des Français, y compris parmi les universitaires, et dans la classe politique, tous partis confondus.

Il résulte de cette ornière que l'école ne tient pas en haute estime l'entreprise et, au-delà, l'acte même d'entreprendre. C'est une facette récurrente du mal français. Par ailleurs, à supposer qu'un gouvernement parvienne à établir l'égalité des revenus qui fait rêver tant de Français, il n'aurait pas pour autant réalisé l'égalité des savoirs et de la culture et donc des chances qui, elle, ne peut s'obtenir que par une école exigeante, idée qui est bien en panne depuis Jules Ferry. La France est de plus en plus une exception mondiale à cet égard.

1. F.-R. de Chateaubriand, *Mémoires d'outre-tombe* [1848], Paris, Garnier, 1910, t. IV, p. 85. Je dois à Rémy Hême de Lacotte d'avoir attiré mon attention sur ce passage.

2. Entretien donné à *L'Opinion*, 4-5 octobre 2019, à propos de son ouvrage *Le Délicieux Malheur français*, Paris, Albin Michel, 2019.

PARIS, GRANDEUR ET DRAME DE LA FRANCE

Le modèle centralisé français est unique en Europe. Pour en assurer l'efficacité et la pérennité, l'État a imaginé à l'échelle de la France des institutions et une organisation territoriale aussi centripètes que celles de l'Empire romain. Il en est résulté une croissance continue de Paris et de l'Île-de-France, surtout à partir du XVIe siècle, au point d'en faire une métropole de 12 millions d'habitants, soit plus de 18 % de la population française. Même Londres ne compte que 13,5 % de la population du Royaume-Uni. Moscou, dans un pays très centralisé, ne regroupe que 8 % de la population de la Russie et Madrid 6,8 % de la population espagnole. Ne vivent à Berlin que 4,5 % des Allemands et à Rome 4 % des Italiens. Il faut chercher sur d'autres continents des situations comparables ou plus exacerbées : à Mexico vivent 16 % des Mexicains et, parmi les grands pays, seul le Japon dépasse la France avec 30 % de sa population concentrée à Tokyo.

Le maire de Bordeaux qu'était Montaigne écrivait déjà : « Je ne veux oublier cecy, que je ne me mutine jamais tant contre la France que je ne regarde Paris de bon œil ; elle a mon cœur des mon enfance. [...] Je l'ayme par elle mesme, et plus en son estre seul, que rechargee de pompe estrangere. Je l'ayme tendrement jusque ses verrues et ses taches. Je ne suis François que par cette grande cité : grande en peuples, grande en felicitez de son assiette, mais surtout grande et incomparable en variété et diversité de commoditez, la gloire de la France, et l'un des plus nobles ornements du monde. Dieu en chasse loing nos divisions ! Entier et unie, je la trouve deffendue de toute autre violence. Je l'advise que de tous les partis le pire sera celuy qui la metra en discorde. Et ne crains pour elle, qu'elle mesme[1]. » Une telle métropole a beaucoup servi le rayonnement politique, culturel et économique d'un pays qui ne compte que 0,8 % des habitants de la planète. Notre ancien confrère Michelet l'écrivait avec force dans son *Tableau de la France* de 1833, introduction au roman national qui a nourri le patriotisme de nombreuses générations de Français et qui est aujourd'hui brocardé par une certaine école historique : « Le centre se sait lui-même [...] pense, innove dans la science, dans la politique ; il transforme tout ce qu'il reçoit. Il boit la vie brute, et elle se transfigure. Les provinces se regardent en lui ; en lui elles s'aiment et s'admirent sous une forme supérieure ; elles se reconnaissent à peine. » Et le Breton Ernest Renan affirmait dans son discours de réception à l'Académie française, le 3 avril 1879 : « Paris, ce centre incomparable, où se rencontrent et se croisent toutes les excitations, tous les éveils, le monde, la science, l'art, la littérature, la politique, les hautes pensées et les instincts populaires, l'héroïsme du bien, par moments la fièvre du mal. » Aujourd'hui, l'Île-de-France représente le tiers du PIB de la France métropolitaine, 25 %

1. M. de Montaigne, *Essais*, III, 9. Ce texte (amputé et simplifié) est reproduit sur le socle de la statue de Montaigne placée devant la Sorbonne, œuvre de Paul Landowski (1934).

des créations d'entreprises, 56 % du trafic aérien de passagers, 32 % des nuitées à l'hôtel, 27 % des étudiants de l'enseignement supérieur. Admirable destin que celui de cette capitale dont l'inventivité demeure vive et sans qui la France ne serait pas la 7e puissance économique mondiale alors qu'elle est au 20e rang par sa population, mais à quel prix pour la province, singulièrement l'espace rural !

Dès la Renaissance, le pouvoir central organise le réseau des voies de communication en étoile autour de Paris. Aux routes de poste et au maillage des canaux ont succédé les réseaux ferroviaire – en particulier, récemment, celui des TGV –, autoroutier, et aérien. Toute liaison transversale en France est une aventure qui demande du temps. Aux gouverneurs de provinces nommés par le roi ont succédé les préfets, juste un peu moins puissants qu'au début de la Ve République malgré la décentralisation entamée à partir de 1982.

Malgré ses contempteurs, le millefeuille territorial est très ancré dans les mentalités et la géographie de la France. Tous les échelons résistent tant bien que mal. Les 34 968 communes, héritées du réseau des paroisses et châtellenies établi il y a environ mille ans ont la vie très dure. Elles représentent plus d'un demi-million d'élus quasiment bénévoles, attachés au bien commun, et il est bien regrettable que la moitié des maires actuels ne souhaitent pas se représenter aux élections municipales en raison de la bureaucratie qui les écrase et malgré l'attachement que leur vouent leurs concitoyens. Les Français aiment aussi leurs départements. Ils datent de la Révolution, mais ils ont succédé à des circonscriptions administratives d'Ancien Régime et à des évêchés assez proches dans leur configuration spatiale. Certains sont même des avatars des territoires des tribus gauloises et des cités gallo-romaines : la Dordogne, jadis Périgord et évêché de Périgueux, est l'ancienne cité des Pétrocores ; l'Ardèche qui a succédé au Vivarais est l'ancienne cité des Helviens. Les régions, en revanche, surtout dans leur configuration actuelle qui remonte à 2015, sont technocratiques et leur regroupement a répondu à des préoccupations politiciennes bafouant tout sentiment d'appartenance de leurs habitants, exception faite de la Normandie, de la Bretagne, de l'Île-de-France, de la Corse et de l'Outre-Mer. La Cour des comptes a révélé récemment, comme il était facile de le prévoir, que l'opération a augmenté les coûts de fonctionnement au lieu de les diminuer. Les régions n'auraient de véritable intérêt que si elles disposaient des mêmes prérogatives que les Länder allemands, ce qui est très loin d'être le cas et même d'être envisagé par l'État.

LE RÔLE DE LA FRANCE DANS LA CONSTRUCTION EUROPÉENNE ET DANS LE MONDE

Avec les Espagnols et les Portugais, les Français sont sans doute le peuple européen le plus extraverti, celui qui a le plus développé l'esprit de mission et qui est longtemps demeuré persuadé qu'il avait quelque chose à dire et à transmettre au monde. Dans le contexte de sa foi chrétienne, sous l'impulsion de ses princes et de son élite, la France a, depuis le Moyen Âge, cherché à construire un modèle politique, social, culturel exportable. Elle a possédé l'un des plus vastes empires coloniaux dont elle conserve quelques départements et territoires d'outre-mer répartis sous toutes les latitudes et qui lui valent la deuxième zone économique exclusive du monde, juste derrière les États-Unis : 8 % des ZEE mondiales pour 0,45 % des terres émergées. Quelques années après l'indépendance de la plupart de ses anciennes colonies, elle a créé l'Organisation internationale de la francophonie en 1970 à laquelle adhèrent aujourd'hui 88 pays et dont les homologues lusophone et arabophone sont beaucoup plus modestes. Avec 163 ambassades, le réseau diplomatique français est le troisième au monde, venant juste derrière celui des États-Unis et de la Chine, loin devant celui du Royaume-Uni et de l'Allemagne. Il est complété par les Instituts français, les Alliances françaises et 13 instituts de recherche à l'étranger.

Après Charlemagne, l'idée d'une Europe occidentale dominée par la France émerge de nouveau au moment de la Renaissance. Des guerres d'Italie jusqu'à Napoléon III, les souverains français tenteront de s'étendre dans toutes les directions par divers moyens pacifiques ou militaires. L'extension maximale sur le continent européen est atteinte pour peu de temps sous Napoléon Ier. Le XXe siècle a été marqué par une autre tentative d'union européenne par la force : celle de Hitler, qui aurait, si elle n'avait échoué, comporté un noyau dur, l'Allemagne, et des périphéries plus ou moins soumises. La tentative soviétique d'expansion vers l'ouest a été contenue grâce à l'alliance des pays d'Europe occidentale avec les États-Unis. Le glacis des satellites d'Europe centrale a volé en éclats dans la dernière décennie du XXe siècle et le projet d'une Grande Russie communiste unissant l'Europe à l'Asie et allant de l'Atlantique au Pacifique a donc lui aussi échoué.

C'est l'Otan et la protection militaire de l'Amérique qui ont permis la prospérité et la paix en Europe de l'Ouest pendant la guerre froide et donc la construction progressive de l'Union européenne. Celle-ci a commencé, sous l'impulsion des Français Jean Monnet et Robert Schuman, par la mise au point d'une coopération économique autour de deux produits stratégiques, le charbon et l'acier, puis par la sincère réconciliation du vieux couple infernal constitué par la France et l'Allemagne. Si la France a depuis l'origine joué un rôle moteur dans cette construction géopolitique, cela tient largement à la lassitude, voire au dégoût des guerres qui l'ont opposée aux composantes du Saint-Empire, puis à l'Allemagne, presque sans interruption depuis la fin du XVe siècle. Elles ont provoqué des millions de morts de part et d'autre. Cette Europe, exclusivement économique, dans un premier temps, a perdu beaucoup d'énergie à imaginer une Politique agricole commune (PAC) qui a absorbé pendant des décennies une grande partie de son budget. Elle est parvenue à une monnaie commune, l'euro. Espérons qu'elle avancera sur la voie d'une plus grande harmonie dans les domaines social, politique et militaire. La France contribue au budget de l'Union à hauteur de 16 milliards d'euros, derrière l'Allemagne (20 milliards) et devant l'Italie (10 milliards). Elle récupère, sous forme de subventions, l'essentiel de sa contribution, soit 13,5 milliards d'euros, ce qui est loin d'être le cas de l'Allemagne qui n'en reçoit que 11. Le déséquilibre entre subventions et contributions à la richesse nationale et européenne atteint des sommets en outre-mer. L'éloignement fait que la métropole et le territoire européen y apparaissent comme relativement abstraits et que personne n'éprouve le moindre doute quant à la légitimité de cette situation d'assistanat.

Les Français et les princes qui ont tant de mal à les gouverner semblent las de leur histoire et de leur géographie qu'ils ne savent plus conduire de manière éclairée. Les modes et les idées reçues tiennent lieu de pensée et d'esprit critique et nos contemporains se contentent souvent d'être dans le vent, oubliant, comme le disait Gustave Thibon, que « c'est une ambition de feuille morte ». Notre compagnie, ainsi que les quatre autres qui peuplent cette maison, vêtues de vert printanier, ont pour mission d'aider notre pays à retrouver l'enthousiasme de sa jeunesse, à reprendre les rênes de son destin et d'aménager son cadre de vie pour qu'il soit de nouveau une terre aimée où il fait bon vivre, ce qui est la définition même que les géographes donnent au mot « territoire ». S'il revenait parmi nous, il faudrait que notre confrère, associé étranger de l'Académie des inscriptions et belles-lettres, Thomas Jefferson, débordant d'affection pour notre pays et qui connaissait si bien sa géographie, puisse encore dire : « Tout homme a deux patries, la sienne et puis la France. »

Un trait distinctif de la géographie culturelle de la France : la passion gastronomique

À l'occasion du dixième anniversaire de l'inscription par l'Unesco du « Repas gastronomique des Français » sur la liste du patrimoine immatériel de l'humanité. Séance de clôture de l'année 2020, le 14 décembre

Lorsque la France a signé en 2006 la convention Unesco de 2003 pour le patrimoine immatériel, un certain nombre de chercheurs en sciences humaines (histoire, géographie, sociologie, archéologie, histoire de l'art, anthropologie, etc.) réunis au sein de l'Institut européen d'histoire et des cultures de l'alimentation, fondé en 2001 à Tours, ont pensé qu'il serait utile que notre pays présente un dossier centré sur la gastronomie française. Les démarches ont commencé en 2007.

LA RECONNAISSANCE DE L'UNESCO

À l'époque, les experts de l'Unesco, auteurs du texte de la convention, et ceux du ministère français de la Culture considéraient – à tort – que la gastronomie ne relevait pas de la culture. Ils estimaient cette facette de l'identité française entachée d'élitisme et de mercantilisme. Pourtant, rappelons l'article 2 de la convention de 2003 : « On entend par "patrimoine culturel immatériel" les pratiques, représentations, expressions, connaissances et savoir-faire – ainsi que les instruments, objets, artefacts et espaces culturels qui leur sont associés – que les communautés, les groupes et, le cas échéant, les individus, reconnaissent comme faisant partie de leur patrimoine culturel. » Et la revue *Culture et Recherche* du ministère de la Culture écrivait en 2008 : « Arts du spectacle, traditions et expressions orales, pratiques sociales, rituels et événements festifs, savoir-faire artisanaux... Autant de pratiques et de connaissances transmises de génération en génération, vivantes et évolutives, par lesquelles une communauté, un groupe expriment leur identité. Tel est le patrimoine culturel immatériel au sens de la convention adoptée en 2003 par l'Unesco et ratifiée en 2006 par la France[1]. »

Ces textes renvoient au sentiment et au souhait de la société française dans son ensemble et non à

1. « Le patrimoine culturel immatériel », *Culture et Recherche*, n° 116-117, 2008.

ceux des savants et des experts. Quel autre aspect du patrimoine culturel français est aussi bien partagé par tous nos compatriotes que la gastronomie, au-delà des clivages économiques, sociaux, politiques, religieux, régionaux ? L'enquête annuelle sur « l'alimentation des Français » conduite par le Credoc en 2009 révélait que pour 95,2 % d'entre eux, le repas gastronomique fait partie de leur patrimoine et de leur identité, et que pour 98,7 % il faut le sauvegarder et le transmettre aux générations futures. Sur la liste mondiale de l'Unesco, la France est jusqu'à maintenant parvenue à faire inscrire 18 éléments parmi lesquels le *cantu* corse, le savoir-faire de la dentelle d'Alençon, la fauconnerie, le carnaval de Granville ou l'alpinisme. Il importe que ces patrimoines soient vivants et en constante évolution et qu'ils soient d'une manière ou d'une autre en danger. C'est précisément le cas de la gastronomie, dont on sait qu'elle est menacée par une certaine conception de la mondialisation, par l'industrie agro-alimentaire et la grande distribution, uniformisantes dans leur fonctionnement actuel, auxquelles il faut ajouter certaines tendances culinaires de l'époque qui seront évoquées plus avant.

Le ministère des Affaires étrangères, chargé des relations avec l'Unesco et de la présentation des dossiers de candidatures à l'inscription au patrimoine mondial (naturel et culturel ou immatériel) était également très réticent à cette époque, estimant le projet futile. Il a beaucoup changé et, désormais, accorde une grande attention à la diplomatie gastronomique de notre pays. C'est sous son égide qu'est proclamée chaque année depuis 2016 la liste des mille meilleurs restaurants du monde établie à partir d'un algorithme croisant cette année les classements de 715 guides et sites gastronomiques de 195 pays[1]. Pour le ministère français de l'Agriculture, cette idée ne présentait à l'époque aucun intérêt non plus par rapport à ses propres missions d'accompagnement et d'encadrement de la production agricole et agro-alimentaire. Jusqu'à une date récente, sa démarche a été surtout quantitative et économique. La qualité ne l'intéressait que par rapport aux questions environnementales et d'hygiène, loin de la démarche qui, en 1936, a abouti à la législation sur les appellations d'origine contrôlée et a permis de garantir la provenance et la conformité aux usages « locaux, loyaux et constants » des meilleurs produits agricoles et agro-alimentaires. Cette administration évolue aussi rapidement. C'est à la suite de l'engagement du chef de l'État de l'époque, Nicolas Sarkozy, après trois années de travail, de réunions interministérielles qui se tinrent à l'Élysée, de débats, de colloques, de publications que, le 16 novembre 2010, « le repas gastronomique des Français », le rituel qu'il représente et non le concept trop général de gastronomie, a été inscrit par l'Unesco sur la liste du patrimoine immatériel mondial. Depuis cette date, l'intérêt des services de l'État et des élus de la nation n'a cessé de grandir. L'initiative a également séduit d'autres pays parmi lesquels le Japon, que la France a aidé à faire inscrire en 2013 au patrimoine mondial le *washoku* qui est son repas festif, en particulier du Nouvel An.

1. www.laliste.com

La démarche entreprise ne vise en rien à affirmer une quelconque supériorité de la gastronomie française par rapport à d'autres cuisines et arts de la table du monde, mais simplement à rappeler aux Français que le bien-manger et le bien-boire font partie de leur identité. Il importe de les convaincre que cultiver cette facette de leur personnalité peut les rendre plus épanouis, plus sociables, améliorer leur santé et, en outre, rendre service aux filières agricoles et agro-alimentaires françaises, sans oublier les paysages et le tourisme, ces derniers aspects relevant du bon sens économique et non d'un vulgaire mercantilisme. Il est facile d'observer que tous les aliments bénéficiant d'une indication géographique protégée engendrent de beaux paysages : les vignobles dans leur ensemble (plusieurs sont classés au patrimoine culturel de l'Unesco : Saint-Émilion, les climats de Bourgogne, les coteaux, maisons et caves de Champagne), les pâturages liés aux grands fromages (bocage normand, alpages du Beaufortin, prairies du Haut-Jura, Causses, etc.), les terrasses cévenoles d'où provient le délicat oignon doux, les oliveraies provençales, etc.

Ce que l'on porte à ses lèvres doit, cela va de soi, exalter les cinq sens sans les violenter, mais aussi exciter la pensée et accroître aussi bien l'intelligence que l'empathie pour autrui : c'est un noble pan de la civilisation française. La gastronomie est une sublimation du terroir, c'est-à-dire de la générosité maximale des sols, des climats, des plantes et des animaux domestiqués, des traditions et des talents des agriculteurs, des transformateurs, des cuisiniers, sommeliers, marchands et, en dernier ressort ou, plutôt, en premier, des amateurs éclairés et exigeants. Sans gourmets au palais éduqué, point de bonne cuisine, point de bon vin ; c'est le désert culturel, comparable à la toile blanche d'un atelier de peintre ou à un bel instrument qu'aucun musicien talentueux ne saurait faire vibrer. En outre, de tout cela, en France, on parle et l'on écrit. Jamais le précepte du savoir-vivre anglais, qui voudrait interdire que l'on parle à table de ce que l'on mange et boit, n'a eu droit de cité de ce côté-ci de la Manche, sauf lors de certaines dînettes engoncées et puritaines qu'il vaut mieux oublier. Feu notre confrère Talleyrand pouvait animer la conversation entière d'un dîner qu'il offrait autour des mets et des vins qu'il faisait servir.

Le patrimoine, c'est l'héritage des pères accepté, aimé, conservé avec affection, cela ne veut pas dire privé de liberté et de fantaisie. Les musées sont remplis d'objets patrimoniaux qui s'ennuient un peu, même lorsqu'ils sont vénérés. Il n'émane aucun charisme de Mona Lisa lorsqu'elle émerge à peine d'une forêt d'appareils numériques dans le brouhaha d'un cacophonique cocktail de langues. Il est bien difficile d'éprouver une émotion devant tel masque africain posé au musée du Quai Branly, au cœur d'une immense vitrine et inondé de la lumière de lampes halogènes. Même impression dans beaucoup de monuments historiques transformés en musées. Où est le charme de Chenonceau les jours où des hordes de touristes envahissent ce qui fut un havre de paix et un nid d'amour ? En revanche, une cathédrale pleine lors d'une fête religieuse, la galerie des Glaces ou celle des Batailles à Versailles parées de tous leurs atours à l'occasion d'un banquet d'État, un château transformé en hôtel, comme savent si bien le faire les Espagnols en leurs *paradores*, font oublier leur âge et la respectabilité qui s'attache à leur fonction de monument historique. Le *David* de Michel Ange à Florence ou la statue équestre de Pierre le Grand à Saint-Pétersbourg font partie du décor et de l'âme de leurs villes respectives. Ils appartiennent au cadre quotidien des habitants de ces villes-joyaux qui en ont un besoin vital pour se sentir chez eux.

Heureusement, les recettes de cuisine, comme les partitions de musique, n'ont jamais le temps de s'ennuyer, pourvu qu'elles rencontrent un interprète de talent et des gourmets ou des mélomanes. Un cuisinier exprime sa propre sensibilité, mais aussi celle de son temps et il est normal que certains apprêts puissent passer de mode. La haute cuisine laisse place à toutes les libertés. Aucune recette n'est figée, car la saveur des ingrédients de base varie dans le temps et les cuisiniers choisissent selon leur goût et leur humeur de modifier la composition de la recette, ainsi que les modes et les temps de cuisson. Plus personne ne respecte aujourd'hui intégralement les prescriptions d'Escoffier. Qui pourrait d'ailleurs s'offrir les 800 grammes de truffes nécessaires à son « dindonneau truffé » ?

L'art sous toutes ses formes n'est jamais figé. Il absorbe et magnifie les influences extérieures, tout autant qu'il rayonne hors des lieux de sa naissance et vient enrichir les arts d'ailleurs. Au cours des derniers siècles, la gastronomie française a reçu et traité avec égards les influences venues d'Italie et du monde méditerranéen, plus récemment de la Chine, du Japon, mais aussi de bien d'autres contrées. Inversement, des restaurants de cuisine française adaptée se sont ouverts sur tous les continents, utilisant talentueusement les produits et les tours de main locaux. L'idée d'assaisonner de sauce de soja un beurre blanc et de le servir avec un saumon mi-cuit revient à Alain Senderens en hommage au fondateur d'une école de cuisine d'Osaka, son ami Shizuo Tsuji qui l'avait initié aux merveilles de l'art culinaire japonais. Certes, la cuisine française est un monument historique, un volet glorieux du patrimoine de notre pays, mais elle ne restera vivante que si elle continue à s'enrichir sans crainte de perdre son âme, c'est-à-dire en connaissant sur le bout des doigts son histoire, ses traditions, ses techniques. C'est malheureusement ce que certains cuisiniers issus des concours télévisés, sans culture ni formation en apprentissage, veulent ignorer pour se livrer à une créativité débridée et « inventer » une cuisine déconstruite avant d'avoir appris à tourner une mayonnaise ou un beurre blanc, selon la tendance envahissante de toutes les formes de l'art contemporain et de la culture en général.

Certes, la haute cuisine joue tout son rôle dans le dynamisme de la gastronomie française, ce que l'on retrouve dans le domaine du vêtement avec la haute couture par rapport au prêt-à-porter ou dans celui de la musique avec les grands compositeurs, solistes ou orchestres majeurs par rapport aux petits conservatoires et formations d'amateurs. Cependant, préparer un bon repas n'est pas réservé à une élite fortunée. Depuis des siècles, le banquet est une pratique collective de toutes les régions, de toutes les familles et de tous les milieux sociaux, des plus modestes aux plus éduqués et fortunés, jusqu'au sommet de l'État. Comme il est écrit dans le préambule du dossier déposé à l'Unesco et qui résume son contenu : « Le repas gastronomique des Français est une pratique sociale coutumière destinée à célébrer les moments les plus importants de la vie des individus et des groupes [...]. Le repas gastronomique met l'accent sur le fait d'être bien ensemble, le plaisir du goût, l'harmonie entre l'être humain et les productions de la nature. Parmi ses composantes importantes figurent : le choix attentif des mets parmi un corpus de recettes qui ne cesse de s'enrichir ; l'achat de bons produits, de préférence locaux, dont les saveurs s'accordent bien ensemble ; le mariage entre mets et vins ; la décoration de la table ; et une gestuelle spécifique pendant la dégustation (humer et goûter ce qui est servi à table). Le repas gastronomique doit respecter un schéma bien arrêté : il commence par un apéritif et se termine par un digestif, avec entre les deux au moins quatre plats, à savoir une entrée, du poisson ou de la viande, ou bien les deux, avec des légumes, du fromage et un dessert. [...] Le repas gastronomique resserre le cercle familial et amical et, plus généralement, renforce les liens sociaux. »

LES ORIGINES DE LA PASSION GASTRONOMIQUE DES FRANÇAIS

Tous les peuples de la terre possèdent une gastronomie, c'est-à-dire un ensemble de pratiques visant à faire de leurs repas d'exception et, par extension, de leur alimentation quotidienne une fête. Cependant, certains d'entre eux ont davantage développé cet aspect de leur identité culturelle que d'autres. C'est le cas des pays dans lesquels les valeurs spirituelles n'interdisent pas l'épanouissement des plaisirs sensuels, du moment qu'ils sont maîtrisés (Asie sinisée, monde catholique ou orthodoxe, contrées musulmanes soufies, par exemple). En France, la joie de vivre, commune à toute l'Europe médiévale, n'a été brisée ni par l'hérésie cathare ni par les pestes et les guerres du XVe siècle ni par la Réforme, qui a recommandé au nord de l'Europe, puis de l'Amérique du Nord, une certaine austérité, particulièrement dans les manières de manger et de boire. Celle-ci a perduré comme l'a plaisamment montré Karen Blixen dans *Le Dîner de Babette*. L'Europe catholique a, dans l'ensemble, considéré que les excès de bonne chère et de bon vin étaient licites, voire recommandables, les jours de fête. On n'y a jamais vraiment considéré le péché capital de gourmandise comme mortel. Seuls certains ordres monastiques ont appliqué et appliquent encore une ascèse très dure (chartreux, cisterciens, etc.), tandis que les autres, le clergé séculier et les laïcs sont invités à se modérer, mais pas à se priver en permanence.

L'autre explication relève de la politique. Ce fut et c'est le cas de tous les grands empires (Rome, Chine, Japon, Ottomans, Aztèques, etc.) et des monarchies centralisées. La France en est le modèle par excellence[1]. Les Guerres de Religion puis la Fronde ont incité les rois Valois puis Bourbon à développer des institutions politiques, l'étiquette monarchique et tous les arts, afin de magnifier le pouvoir central et, à travers lui, l'unité de la nation. À partir de la Renaissance, les rois de France ont cherché à s'imposer en Europe, non seulement par les armes et par la puissance économique, mais aussi par la culture. La France est devenue un pays très extraverti, désireux de propager autour de lui sa langue, ses idées, ses beaux-arts, son urbanisme, mais aussi son art de vivre, tout spécialement dans le domaine de la gastronomie (cuisine, vins, arts de la table). Déjà, à la fin du XVIe siècle, Montaigne vante les mérites de Paris en matière de bonne chère, qualifiant la capitale de « grande en félicité de son assiette[2] ». Le règne de Louis XIV fut à cet égard décisif. Entre 1651 et 1691, douze livres de cuisine (75 avec les rééditions), soit 100 000 volumes sont publiés, avec privilège royal, afin de promouvoir une cuisine nouvelle, très différente de celle des siècles passés et des autres régions d'Europe. Le beurre, la crème, les sauces liées à base de riches fonds et fumets, les viandes grasses, blanches et tendres remplacent les plats maigres, les saveurs aigres-douces et épicées du

1. J.-R. Pitte, *Gastronomie française. Histoire et géographie d'une passion*, Paris, Fayard, 1991.
2. M. de Montaigne, *Essais*, Livre III, chap. IX.

Moyen Âge. Dès lors, les cuisiniers parisiens ayant appris leur métier dans le milieu de cour vont s'imposer sur toutes les tables aristocratiques et bourgeoises de France, puis dans toutes les cours d'Europe.

À la fin du XVIIIe siècle, l'institution du restaurant naît à Paris ; il s'agit au départ d'une adaptation approximative de la *tavern* anglaise[1] qui correspond à l'anglomanie du moment. La Révolution entraîne la mort d'une partie de l'aristocratie française ou son émigration pendant plusieurs années. Pour faire face au chômage forcé, un certain nombre de cuisiniers s'installent donc à leur compte et ouvrent des restaurants. Ils ont pour clients les révolutionnaires, puis sous l'Empire et pendant tout le XIXe siècle, la classe politique, les écrivains, les artistes, les bourgeois d'affaires prennent l'habitude de fréquenter ces maisons qui se multiplient à Paris, dans les grandes villes françaises et dans les grands hôtels d'Europe. Le développement du tourisme et surtout de l'automobile entraînent l'ouverture de restaurants dans de petites villes, voire à la campagne. C'est ainsi que les cuisines du terroir sont perfectionnées par des chefs talentueux qui les mêlent aux recettes et aux tours de main issus de la haute cuisine parisienne. Les restaurants sont aujourd'hui les hauts lieux de la créativité culinaire.

L'art de la bonne chère a non seulement survécu à la Révolution, mais a rebondi avec panache. C'est Joseph Berchoux le premier qui, en 1801, en un poème émouvant, a remis à l'honneur le vieux mot grec de

1. S. Mennell, *Français et Anglais à table du Moyen Âge à nos jours*, Paris, Flammarion, 1987, p. 198-200.

« gastronomie » qui désigne la législation de l'estomac. Bien loin de graver des lois pseudo-médicales dans le marbre, Berchoux a magnifié les plaisirs de la table et des bons vins, enveloppés de beau langage et, pour le reste, d'un doux laisser-aller. Un homme qui ose reprendre à son compte une phrase attribuée au bailli de Suffren, « Rien ne doit déranger l'honnête homme qui dîne[1] », ne peut être médiocre !

DÉRIVES CONTEMPORAINES

L'époque actuelle est traversée de courants artistiques très variés et contradictoires. Dans le domaine des arts plastiques, la tendance dominante est depuis longtemps au minimalisme et à la pure provocation. Il suffit de se promener dans les réserves des Frac (Fonds régionaux d'art contemporain) où se pressent toiles monochromes, chaises à trois pieds, tas de charbon, étrons délicatement lovés, pierres tombales brisées, serpillières encadrées et tuyaux de poêle enchevêtrés pour s'en convaincre. Il est quasiment impossible de dire l'évidence, tant ce serait paraître inculte et ennemi de l'art. On songe au conte d'Andersen, *Les Nouveaux Habits de l'empereur* : tout le monde fait mine d'admirer les vêtements inexistants que des escrocs ont vendus au souverain, jusqu'à ce qu'un

1. J. Berchoux, *La Gastronomie* (1801), Grenoble, Glénat, 1989, p. 116.

petit enfant s'exclame : « Le roi est nu ! » La gastronomie n'échappe pas à cette mode. Il est devenu rétrograde d'inscrire à la carte d'un restaurant gastronomique un vol-au-vent, une poularde demi-deuil, une sauce hollandaise, une vraie pêche Melba, fossiles d'une époque antédiluvienne. Au lieu de cela, ce ne sont que sabayons mousseux de n'importe quoi, balayures d'épices, traînées de sauce peintes sur l'assiette et qui rappellent vaguement Soulages ou la calligraphie chinoise. Les matières premières les plus nobles sont réduites en liquides puis présentées dans des verrines, introduites de force grâce à des seringues en des lieux improbables, cuites à 250° en dessous de zéro, gélifiées, etc. Le sucre, les épices orientales, les herbes folles de la montagne et les fleurettes multicolores ont envahi toutes les assiettes. Aucune harmonie visuelle, olfactive, gustative ne se dégage de compositions déstructurées, pointillistes, dont on ne garde aucun souvenir. On se croirait dans un roman de Duras dont une phrase de sa pièce *Le Shaga* devrait être gravée à l'entrée de certains restaurants constellés d'étoiles : « Je comprends mais je ne vois pas pourquoi je comprends. Je comprends ce que vous dites, mais ce que vous voulez dire en disant ce que vous dites, ça je ne le comprends pas. » C'est la clé de ce plat phare de la carte 2020 de Pierre Gagnaire, chef triplement étoilé de Paris, dont l'intitulé laisse rêveur : « Carré d'agneau rôti à l'origan – pétales de panais à l'ail noir, gousses d'ail de Lautrec. Selle | fressure | Corinthe. Ris et rognon, crumble à l'anis étoilé, salsifis. Mousseline de topinambour. Haricots tarbais, Roquefort, chorizo ».

Faudrait-il applaudir tous ces précieux ridicules dont la notoriété passera aussi vite que leur renommée médiatique a grandi rapidement ? De telles outrances ne sont pas neuves dans la cuisine. Le plat d'oiseaux ayant tous parlé du tragédien Ésope, évoqué par Pline, les immenses bœufs rôtis et farcis de porcs, eux-mêmes farcis d'oiseaux vivants de certains banquets médiévaux, les incroyables pièces montées d'Antonin Carême ou d'Urbain Dubois imitant l'Acropole ou le Colisée, les afféteries de la nouvelle cuisine des années 1970 sont de la même veine. Que dire ? Que faire ? Rien, car personne n'est obligé d'aller dépenser beaucoup d'argent dans ces maisons, pas plus que l'on est tenu de visiter certains musées, d'assister à certains concerts, et à certaines pièces de théâtre ou de porter certains vêtements.

Est-ce à dire également que tout cuisinier qui se respecte serait condamné à reproduire indéfiniment les recettes d'antan ? La question mérite réflexion ; c'est celle des bases classiques que tout artiste doit posséder à la perfection avant d'oser se lancer dans la création originale. Ce n'est qu'à l'âge mûr que les grands calligraphes japonais osent signer leurs œuvres et y apposer leur cachet. La plupart des musiciens interprètent bien les partitions de musiciens du passé, se contentant d'insuffler leur personnalité dans la manière de jouer. Maria Callas n'a jamais composé elle-même la moindre pièce de chant ; il ne viendrait à l'esprit de personne de nier qu'elle fût l'une des plus grandes cantatrices de tous les temps. Dès lors, Bocuse ne serait-il pas un grand cuisinier, parce que nombre de ses recettes sont tirées du patrimoine culinaire français et que sa personnalité réside dans le style d'interprétation ? Quiconque a goûté son bar ou son saumon en croûte reconnaîtra qu'il n'en est pas de plus suave et délicat, probablement sur la planète entière. Tel critique gastronomique se gaussera des feuilletages ; ce n'est pas plus admissible que d'affirmer une détestation des parties pour chœur d'un oratorio de Bach. En revanche, il est des feuilletages de génie et d'autres qui affligent. Et Bocuse aurait-il conçu sa prodigieuse soupe VGE un certain jour de février 1975 où le président de la République lui remettait la légion d'honneur, s'il n'avait pas maîtrisé les techniques du double consommé de volaille, du matignon de légumes, du feuilletage qui permettent de concentrer et emprisonner avant de libérer l'exquis parfum de la truffe noire ? Ce plat de génie n'aurait jamais vu le jour, n'aurait jamais été inventé sans l'immense culture culinaire assimilée du chef de Collonges. L'exemple est déclinable dans toute forme d'art. Imagine-t-on Proust ignorant l'imparfait du subjonctif ? Ce mode de conjugaison qui peut se révéler pédant et lourd sous une plume malhabile se révèle d'une folle élégance chez un grand écrivain.

Le mal vient d'abord de l'absence d'humilité de notre époque. Trop de jeunes chefs qui s'installent veulent aujourd'hui inscrire à leur carte exclusivement des plats nouveaux et trois ans plus tard signer un livre de cuisine que ses clients achèteront en partant et feront dédicacer par le maître des lieux. On peut trouver des explications à défaut d'excuses à ce travers. Les petits enfants de la maternelle sont tous les jours invités par leurs maîtresses à s'exprimer librement sur une feuille blanche avec des feutres : « aujourd'hui, dessinez le printemps ». Le « beau » dessin « libre » ainsi réalisé sera signé, daté, rapporté à la maison, encadré par des parents éblouis et offert à l'admiration du cercle de famille. Jadis, on apprenait laborieusement, en gommant et reprenant cent fois son trait, à dessiner une pomme posée sur un torchon qu'il fallait reproduire de manière aussi réaliste que possible avec ses ombres et ses éclats de lumière.

La grandeur de la bonne cuisine, c'est de mettre en valeur la saveur authentique des produits, en les combinant harmonieusement. Heureusement, beaucoup de cuisiniers français sont encore pénétrés de cette culture, savent dénicher des trésors sur le marché et les magnifier par leur technique en rendant celle-ci aussi discrète que possible. Il y a encore en France suffisamment d'exigence de la part des cuisiniers et des gourmets pour que s'efface l'artifice prétentieux, la virtuosité trop voyante ou le faux-semblant devant le sublime d'une épaule d'un agneau de pré-salé, d'un mesclun niçois, d'une langoustine du Guilvinec à peine sortie de l'eau. Le vrai produit de terroir ne ressemble à rien d'autre. Il est porteur du génie du lieu d'où il provient : l'art du cuisinier consiste à ne pas l'étouffer, le dénaturer, mais au contraire à le mettre en valeur pour lui-même. En cuisine, comme en tout, le talent s'impose sans se faire voir, sans qu'il ait besoin de vanter lui-même ses mérites.

CONCLUSION

Vue de l'étranger, la France est le pays des cathédrales, des abbayes, des châteaux, des jardins, mais aussi d'une certaine manière de peindre, de sculpter, de composer et de jouer de la musique, y compris des chansons populaires, d'écrire des romans, de la poésie, de la philosophie. C'est enfin pour la planète entière, qui ne voit heureusement que la partie émergée de l'iceberg, une élégance, un art de vivre, de converser, du rapport entre les femmes et les hommes, de s'habiller et enfin de boire et manger. La philosophie alimentaire des Français est une belle manière de faire de la géographie, car elle exalte la diversité des sols, des climats, des traditions, des personnalités et des goûts des producteurs et des amateurs, afin d'éviter l'ennui qui naît de l'uniformité. Il importe de créer à l'occasion de chaque repas, de l'ouverture de chaque bouteille une heureuse surprise, une émotion et parfois – Ô bonheur ! – un émerveillement. Tâchons que notre réalité ressemble tous les jours et partout en France à l'image que l'on a de nous !

C'est parce que tout ne va pas si bien dans l'assiette et le verre des Français qu'il est important d'attirer leur attention sur ce trésor qu'ils négligent. Ce qu'a demandé le gouvernement à l'Unesco il y a dix ans, ce n'est pas d'abord une reconnaissance, mais un signal envoyé aux Français pour qu'ils se ressaisissent. Rien n'est plus urgent, à l'heure où l'État lui-même se laisse parfois aller. Le Louvre n'a-t-il pas pris une décision incongrue et terrifiante à laquelle sa tutelle n'a pas mis de *veto* : laisser s'implanter au Carrousel le 1 142e McDonald's de notre pays (il y en a plus 1 500 aujourd'hui) ? Il y a bien péril en la demeure lorsqu'on sait que ces établissements qui représentent le degré zéro de la gastronomie et de la diététique servent chaque année en France 650 millions de repas, ce qui veut dire que chaque Français y mange en moyenne 9 fois par an. Et comme nous sommes encore nombreux à ne jamais y mettre les pieds, il est facile d'imaginer que les clients sont des habitués victimes d'une véritable addiction.

Relevons le défi qui consiste à faire de chaque repas une fête des sens et de l'esprit. C'est un excellent moyen de redonner à nos contemporains un moral hélas trop souvent en berne ! D'un grand mal peut naître un bien : en 2020, la Covid-19 et le confinement ont permis à de nombreux Français, y compris jeunes, d'accorder davantage de temps et d'attention au contenu de leur assiette et de leur verre. Dès que la liberté leur en a été rendue, ils ont repris avec joie le chemin de leurs marchés, celui de leurs cuisines et beaucoup ont fait vivre leur patrimoine personnel et familial, bien souvent en l'enrichissant.

Les sciences gastronomiques, la défense et l'illustration de cette noble facette de la culture humaine relèvent pleinement de notre parlement des lettrés et des savants qu'est l'Institut de France et, singulièrement de notre académie. Elles touchent, en effet, à toutes nos spécialités : la philosophie, la morale, la sociologie, la psychologie, le droit, l'économie, la science politique, l'histoire, la géographie. Tant d'écrivains qui furent et sont encore membres de nos compagnies leur ont consacré une partie de leur talent et leur joie de vivre. Je ne citerai que quelques illustres disparus qui se distinguèrent par l'une ou l'autre des qualités du gastronome : leur appétit, le raffinement de leur palais, leur talent d'amphitryon ou leurs écrits : le maréchal de Richelieu, Talleyrand, membre de l'Académie des inscriptions et belles-lettres, mais également titulaire du 2e fauteuil de la section d'économie politique de notre compagnie dès 1832 (c'est celui de Michel Pébereau), Cambacérès, Édouard Herriot, Jean-François Revel, Maurice Druon ou Philippe Beaussant. Il ne manque à cette noble et joyeuse cohorte qu'un cuisinier, l'un de ces artistes inspirés sans lesquels le repas gastronomique des Français s'affadirait avant de disparaître. Rien ne serait plus légitime !

Deux géographes de la liberté : Pierre Gourou et Roger Dion

Séance solennelle de rentrée du 15 novembre 2021

Au cours de ses interventions annuelles lors de la séance solennelle de rentrée de l'Académie des sciences morales et politiques, Xavier Darcos, mon prédécesseur d'heureuse mémoire, comme on dit au Vatican, avait choisi d'évoquer la personnalité et l'œuvre de beaux esprits n'ayant pas été membres de notre compagnie. Elle n'existait pas au temps de Tacite et de Fénelon ; Madame de Staël était une femme et Péguy, pensait-il, aurait échoué s'il avait été candidat. Parmi les maîtres de la géographie du XXe siècle, notre académie a élu Paul Vidal de La Blache, Jean Brunhes, Augustin Bernard, Raoul Blanchard, André Siegfried, Maurice Le Lannou, Pierre George et Alice Saunier-Seïté. En revanche, je voudrais évoquer deux grands savants, professeurs au Collège de France, dont l'ampleur de l'œuvre et l'audace de la pensée auraient mérité que la section histoire et géographie songeât à eux : j'ai nommé Pierre Gourou (1900-1999) qui occupa la chaire d'Étude du monde tropical de 1947 à 1970 et Roger Dion (1896-1981), titulaire de la chaire de Géographie historique de la France de 1948 à 1968.

Ils furent érudits, pragmatiques, audacieux, clairs dans leur pensée, élégants dans leur expression, attachés à s'appuyer sur des faits précis, vus et lus, ce qui rend leurs écrits vivants et d'un réel agrément. Ils ont surtout chanté la liberté de l'humanité, sans laquelle la démarche géographique est dénuée de tout intérêt. C'était aussi le cas de leur prédécesseur André Siegfried (1875-1959, élu en 1933 au Collège de France). Celui-ci fut l'un de nos membres à partir de 1932, ainsi que de l'Académie française, à partir de 1944 ; il ne fut, hélas, jamais reconnu vraiment comme un géographe au sein de cette discipline, mais plutôt comme un sociologue et un politiste, et surtout il fut jalousé pour ses chaires à Sciences Po et au Collège de France, ainsi, peut-être, que pour son appartenance à la grande bourgeoisie[1]. Je peux témoigner du fait que jamais son nom n'a été cité par l'un de mes professeurs tout au long de mes études supérieures de géographie entre 1966 et 1971 et que je l'ai découvert bien plus tard. Pourtant, il est le seul à avoir défini la géographie de manière aussi large et juste : « Il y a une géographie de tout. L'homme de tempérament géographique est celui qui envisage tout sous cet aspect, qui, à propos de tout, fait une carte. De ce fait, il existe d'innombrables géographies : géographie des idées, des partis, des religions,

1. M. Chevalier, « André Siegfried et l'École française de géographie : un problème de sociologie universitaire », *Études normandes*, vol. 38, n° 2, 1989, p. 17-23.

des maladies, et notamment des couleurs, des odeurs et des sons[1]. »

Tous ces thèmes apparaissaient comme futiles au milieu du XXe siècle[2]... Ils sortent à peine de l'ombre aujourd'hui, concurrencés par une fascination grandissante pour la théorie ou la modélisation et pour les thèmes tout droit importés des campus américains, comme c'est le cas dans toutes les sciences humaines atteintes par l'éveil, le *woke* en anglais, qui n'est qu'une banale soumission à la mode et ne laissera donc, la chose est assurée, aucune empreinte durable. C'est aussi le triomphe de l'épistémologie de la discipline, à laquelle certains chercheurs se consacrent en exclusivité, oubliant ce que Claude Debussy disait en substance : « on ne révolutionne pas l'opéra en écrivant sur l'opéra ».

1. A. Siegfried, « Géographie des couleurs et des sons », *Revue de Paris*, juin 1950, p. 3-11.

2. De même en est-il, à de rares exceptions près, de Jean Gottmann, d'origine russe, mais formé en France, avant de s'exiler aux États-Unis, puis en Angleterre. Son grand ouvrage *Megalopolis* (1961) est un chef-d'œuvre de la géographie urbaine et il est l'un des pionniers d'une géopolitique pragmatique, respectueuse des cultures humaines.

L'ÉTAT DE LA GÉOGRAPHIE FRANÇAISE AU MILIEU DU XXe SIÈCLE

Au lendemain de la Seconde Guerre mondiale, la géographie française, jusqu'alors plutôt homogène et héritière de Paul Vidal de La Blache et d'Albert Demangeon, se divise en branches spécialisées qui dialoguent de moins en moins entre elles et tentent de se tailler la part du lion dans les programmes du secondaire et du supérieur. J'évoquerai d'abord la géomorphologie, structurale (Emmanuel de Martonne) puis climatique (Jean Tricart, Jean Dresch), qui domine l'enseignement et les programmes des concours grâce au commentaire de carte accompagné de sa coupe géologique. Indifférente à l'action humaine, elle n'est même pas reconnue par l'Académie des sciences qui n'élira plus aucun géographe après le décès d'Emmanuel de Martonne en 1955, sauf le glaciologue, académicien et député russe, ancienne statue du commandeur de la géographie soviétique, Vladimir Kotlyakov, comme associé étranger en 2002. Un peu plus effacée, mais tout aussi coupée de l'action humaine, la climatologie s'appuie exclusivement sur la dynamique de l'atmosphère (Pierre Pédelaborde, Charles-Pierre Péguy, fils posthume de Charles Péguy). Sous l'angle humain, une géographie rurale et même agraire s'individualise, à côté d'une géographie urbaine qui va grandir, en particulier sous l'impulsion de Jacqueline Beaujeu-Garnier, mais c'est la géographie économique marxisante, centrée sur la production et fascinée par les modèles soviétique puis chinois, qui tient le haut du pavé, avec en particulier Pierre George dans les années d'après-guerre. Elle possède un rameau tiers-mondiste, illustré par Yves Lacoste ou Michel Rochefort. La géographie régionale, inaugurée par les élèves de Paul Vidal de La Blache, puis Albert Demangeon, jette ses derniers feux jusque dans les années 1970 avec de grandes thèses portant sur la France et le monde entier. Elle est pratiquée par des géographes, certes attachés à la fréquentation du « terrain », mais qui ont souvent tendance à saucissonner la réalité géographique et à pratiquer la méthode des tiroirs non communicants. La réflexion épistémologique et théorique arrive plus tard, à la fin des années 1960 et dans les années 1970. Paul Claval tente de refonder la géographie régionale dans *Régions, nations, grands espaces. Géographie générale des ensembles territoriaux* (1968). Roger Brunet théorise encore davantage l'analyse de l'espace dans sa thèse sur les campagnes toulousaines en mettant au point le concept de quartier rural qui préfigure sa « chorématique », laquelle résume la réalité géographique à des symboles, mise au point dans les années 1980. Celle-ci devient incontournable, adulée, puis contestée (Yves Lacoste) et, enfin, oubliée avec autant de rapidité que son succès s'était affirmé. C'est l'époque au cours de laquelle un certain nombre de géographes, d'abord anglo-saxons, puis français ne jurent que par l'abstraction, négligent, voire méprisent l'observation, l'enquête directe, la rencontre avec les acteurs en chair et en os. Le « terrain » devient incongru, en même temps que dans l'opinion publique la géographie passe aux oubliettes !

PIERRE GOUROU

Gourou exerça une grande influence sur la géographie, d'abord en enseignant à l'Université libre de Bruxelles à partir de 1935, puis de 1942 à 1946 avec ses enseignements à l'université de Bordeaux où il créa l'école de géographie tropicale, puis au Collège de France de 1947 jusqu'à sa retraite en 1970, enfin au cours des longues années qui suivirent et qui le conduisirent, l'esprit et la plume alertes, jusqu'à 99 ans[1]. Il publia de nombreux ouvrages accessibles chez de grands éditeurs et se lia avec des savants d'autres disciplines parmi lesquels Fernand Braudel, qui disait de lui qu'il était « un des esprits les plus rares de notre temps, par l'étendue de ses connaissances qu'il utilise hors de toute pédanterie, au hasard d'une conversation, s'excusant à l'occasion de tout savoir, par la pondération obstinée de son jugement, par son détachement, par le scepticisme souriant derrière lequel il cache ses fidélités, ses convictions, voire ses amertumes [...][2] ». Claude Lévi-Strauss fut un autre de ses proches. Il admirait beaucoup sa thèse et fonda avec lui et Émile Benveniste *L'Homme, revue française d'anthropologie*. Gourou eut de nombreux disciples parmi lesquels Jean

1. Un bilan de son œuvre a été tenté l'année suivant son décès par ses élèves et disciples : H. Nicolaï, P. Pélissier, J.-P. Raison, *Un géographe dans son siècle. Actualité de Pierre Gourou*, Paris, Karthala, 2000.

2. F. Braudel, Préface à Pierre Gourou, *Leçons de géographie tropicale*, Paris, EPHE-Mouton, 1971, p. 7.

Delvert, Jean Gallais, Guy Lasserre, Paul Pélissier et Gilles Sautter, en France, Henri Nicolaï à Bruxelles. L'un de ses anciens élèves du lycée Albert-Sarraut de Hanoï, où il enseigna à partir de 1927, se souvenait avec émotion de ses cours éblouissants[1] : il s'agit du général Giap qui, hélas, ne retint pas les leçons du maître et bascula très vite dans la *doxa* marxiste et la conduite de deux guerres qui firent des millions de victimes ! Cette école française (et belge) de géographie tropicale fut extraordinairement novatrice par la largeur de ses vues. Elle dépassa tous les replis et tous les clivages entre géographie physique et géographie humaine qui, à cette époque, éteignirent les feux brillants allumés par Vidal de La Blache au tournant du XXe siècle.

C'est en Indochine que se réveilla la vocation de géographe tropicaliste de Pierre Gourou qui enseigna aux lycées de Saïgon, puis d'Hanoï, ainsi qu'à la jeune université de cette dernière ville, de 1926 à 1935. Il rédigea au cours de ces années, sous la direction de Demangeon, une thèse d'État sur les paysans du delta tonkinois[2]. Le titre lui-même est un programme : il met l'accent sur les hommes avant de nommer les lieux qu'ils occupent[3]. C'est dès cette époque qu'il

1. Il s'en ouvrit à Georges Condominas en 1998, lors d'une rencontre à l'ambassade de France à Hanoï. H. Nicolaï, A. J. Jaumotte, P. Gourou, *Notices. Académie royale de Belgique*, s. d., www.academieroyale.be, p. 31-33.

2. P. Gourou, *Les Paysans du delta tonkinois*, Paris, Publications de l'École française d'Extrême-Orient, 1936.

3. Ce titre sera repris dans leurs thèses par Jean Delvert (*Le Paysan cambodgien*, 1961) et par Paul Pélissier (*Les Paysans du Sénégal*, 1966).

comprend que les hautes densités de population de la région qu'il parcourt en tous sens résultent de facteurs purement humains, d'une exploitation très intelligente d'un milieu tropical humide qui, sur d'autres continents, reste quasiment en friche et que l'on qualifie injustement d'hostile. Ses tropiques ne sont ni tristes, ni joyeux, ni alanguis. Aucun espace terrestre n'est intrinsèquement pays de cocagne ou répulsif, car il n'est de richesse que d'hommes éduqués et, selon son concept-clé, encadrés. Il l'affirme : « En fait, le monde tropical est particulièrement favorable à l'agriculture ; il n'a rien à envier au monde tempéré pour la domestication des plantes fondamentales[1]. » Dans son introduction aux *Leçons de géographie tropicale*, résumé de ses enseignements au Collège de France, il dit l'essentiel en peu de mots : « Ces populations denses appartiennent à des civilisations supérieures (elles sont denses sur de grandes surfaces et depuis longtemps parce qu'elles appartiennent à des civilisations supérieures), et surtout à la civilisation indienne, que ses réalisations, dans tous les domaines, classent parmi les grandes civilisations. [...] La civilisation chinoise relaie la civilisation indienne en Asie sud-orientale, de façon très apparente en Annam, plus discrètement en Insulinde, au Siam[2]. » Il comprend que la riziculture inondée, inventée entre le delta du Gange et celui du fleuve Rouge, est le fruit d'une immense ingéniosité technique qui repose sur une organisation sociale subtile, marque et produit de ce qu'il appelle – comme on

1. P. Gourou, *Leçons de géographie tropicale*, *op. cit.*, p. 242.
2. *Ibid.*, p. 23.

n'oserait plus le faire aujourd'hui, bien à tort – une « civilisation supérieure[1] », concept qui pour lui est à mille lieues de celui de « race supérieure[2] » : « Il est aujourd'hui bien démontré que les contrées chaudes et pluvieuses peuvent porter des populations denses et saines, et animées par des civilisations supérieures si leur sont appliquées de bonnes techniques de production et de bonnes techniques d'encadrement. » Il comprend aussi toute l'importance des échanges avec les mondes extérieurs[3] : « L'Asie méridionale a reçu de l'Asie tempérée l'attelage du bœuf, l'araire, la charrette, le blé, le bronze, par exemple. Elle a donné à l'Asie tempérée la riziculture inondée, le bouddhisme, les épices et tant d'autres choses. » C'est la raison pour laquelle Aimé Césaire est bien injuste dans les vigoureux reproches qu'il adresse en 1955 à Pierre Gourou en le classant parmi les « chiens de garde du colonialisme[4] » et en l'accusant de mépris pour les civilisations des régions tropicales humides. Certains géographes français penseront de même après 1968 avant de revenir à un jugement plus nuancé et amène sur l'œuvre du maître.

Parcourant au fil de sa carrière toutes les autres régions tropicales humides du monde, en dehors de

1. *Ibid.*, p. 26.

2. Il cite d'ailleurs en exergue d'un chapitre de *Terres de bonne espérance* (1982, p. 51) un passage de Humboldt : « En maintenant l'unité de l'espèce humaine, nous rejetons, par une conséquence nécessaire, la distinction désolante de races supérieures et de races inférieures. »

3. *Ibid.*, p. 25.

4. A. Césaire, *Discours sur le colonialisme*, Paris, Présence africaine, 1955 ; rééd. 2000.

l'Asie, Gourou parvient à la conclusion que si l'Afrique est peu peuplée et pauvre, c'est qu'elle manque de techniques, de savoir-faire, de savoir tout court et de principes sociaux et politiques permettant leur assimilation et leur mise en œuvre. L'aphorisme d'Amadou Hampâté Bâ, le grand défenseur malien de la culture orale, « Un vieillard qui meurt est une bibliothèque qui brûle », est un poignant aveu de la part d'un Africain et l'on a envie de répondre : laissez les vieillards mourir en paix et ouvrez des bibliothèques, des écoles, des lycées généraux, techniques et professionnels, des universités, des laboratoires de recherche ! La carte mondiale de l'analphabétisme est éclairante : là où celui-ci est le plus répandu, la densité de population et les revenus par habitant sont les plus faibles, l'instabilité politique la plus grande. Certains Africains lucides en sont parfaitement conscients. Un journaliste posant il y a quelques années au président du Gabon Ali Bongo la question suivante « Pourquoi l'Afrique s'est-elle développée beaucoup moins vite que l'Asie[1] ? », s'entendit répondre sans hésitation : « Soyons honnêtes, c'est la responsabilité des dirigeants africains. » Au contraire, un certain nombre d'universitaires français auraient sans doute répondu que c'était à cause de la colonisation ! La thèse majeure de Gourou est celle du primat de la culture sur la nature, mais aussi sur les aléas de l'histoire et des influences extérieures. Il conclut en 1967-1968 ses longues années d'enseignement au Collège de France par un constat irréfutable : « Le

1. Entretien d'Ali Bongo avec Renaud Girard, *Le Figaro*, 3 août 2016, p. 6.

retard économique tropical découle du retard technique ; dans les conditions présentes le retard technique le plus accablant est celui des techniques d'organisation. [...] La première condition du progrès économique n'est pas économique, mais administrative ; un pays attardé progressera économiquement s'il a en nombre suffisant (c'est-à-dire en effectifs du même ordre que ceux qui existent dans les pays évolués) des administrateurs, des médecins, des entomologistes, des agronomes, etc. » Il aurait pu ajouter des professeurs, car seule l'éducation est la clé du développement et de l'harmonie sociale et politique. On ne saurait oublier que sous l'équateur ou à proximité se rencontrent la cuvette congolaise et l'Amazonie, régions du globe malsaines, sous-utilisées ou mal utilisées, mais aussi Singapour, plaque tournante mondiale, ou Bangalore, pôle économique et scientifique lui aussi mondial, deux réussites des civilisations chinoise, indienne et malaise. L'extraordinaire paysage si densément habité du delta du fleuve Rouge est lui-même le résultat conjugué de certains traits de la culture vietnamienne, le statut des femmes plus élevé qu'en Chine, la force et l'autonomie des communes, la qualité des architectures rurales et de valeurs chinoises : « l'administration hiérarchisée à la chinoise, la bureaucratie, l'écriture, le pluralisme religieux, l'esthétique chinoise, les références littéraires et philosophiques, et aussi l'essentiel des techniques de production[1] ».

L'âge venu, en 1982, alors qu'il continue à parcourir infatigablement les contrées tropicales de tous

1. P. Gourou, *Terres de bonne espérance. Le monde tropical*, Paris, Plon, « Terre humaine », 1982, p. 31-32.

les continents, Pierre Gourou livre à Jean Malaurie pour sa collection « Terre humaine » son chef-d'œuvre : *Terres de bonne espérance. Le monde tropical*, un ouvrage qui lui fait amplement mériter le titre que lui a donné Gilles Sautter : « L'anti-cuistre de la géographie française[1] ». Par son titre même, il prend le contrepied des *Tristes tropiques* de Lévi-Strauss, publiés dans la même collection un quart de siècle plus tôt, livre avec lequel, malgré cet apparent contraste, on peut tout de même trouver quelques convergences de vues. Il y reprend avec force les idées qu'il a développées tout au long de sa carrière que résume cette phrase : « Le tiers-monde tropical pourrait être le grenier du monde. À condition que le développement et ses méthodes soient repensés, et que soient enfin mises en œuvre les techniques adéquates de production et d'encadrement. [...] Les tropiques sont l'avenir agricole du XXIe siècle[2]. » Hélas, ces propos ne sont toujours pas entendus et les belles âmes occidentales ne rêvent aujourd'hui que de préserver les forêts denses d'Amazonie, d'Afrique ou d'Indonésie qui seraient des « poumons » pour la planète, alors qu'elles sont largement émettrices de carbone et que de rares peuples premiers y vivent misérablement avec une espérance de vie des plus limitées (45 ans pour un Guarani-Caiová, ethnie du célèbre cacique Raoni, contre 73 en moyenne pour un Brésilien, il y

1. G. Sautter, « Le système géographique de Pierre Gourou », *L'Espace Géographique*, IV-3, 1975. Repris dans H. Nicolaï *et alii* (dir.), *Un géographe dans son siècle*, *op. cit.*, p. 15.

2. P. Gourou, *Terres de bonne espérance*, *op. cit.*, 4e de couverture.

a quelques années[1]). Gourou exhume pour défendre son point de vue une magnifique profession de foi écrite il y a trois siècles par Fontenelle et qui s'oppose aux préjugés de Montesquieu : « La différence des climats doit être comptée pour rien pourvu que les esprits soient [...] également cultivés[2]. » C'est la seule loi générale qui s'impose en géographie.

ROGER DION

Comme Pierre Gourou, Roger Dion est un élève d'Albert Demangeon, mais à la différence de son collègue du Collège de France, il était plus introverti et même un peu misanthrope. Il ne fera guère école de son vivant (sauf discrètement auprès de Xavier de Planhol et Marcel Roncayolo, qui suivirent ses cours au Collège de France et Alain Huetz de Lemps qui prépara son mémoire de maîtrise sous sa direction). Ses livres étaient publiés à compte d'auteur et il fallait se rendre chez lui pour se les procurer, sauf à la fin de sa carrière où il avait accepté d'en déposer quelques-uns à la librairie des Puf, place de la Sorbonne, la seule qui soit un peu fournie en livres de géographie dans les dernières décennies du XXe siècle.

1. Raoni.com, 12 décembre 2011. Il s'agit du site internet du chef Raoni qui, lui, est bien soigné, a été pris en charge dans un hôpital moderne lorsqu'il a contracté la Covid et a atteint 89 ans.
2. P. Gourou, *Terres de bonne espérance*, *op. cit.*, p. 51.

Son œuvre est cependant majeure et se révèle chaque jour un peu plus pertinente. Elle mérite d'être relue et méditée dans un pays où l'histoire et la géographie sont unies sous la houlette du même professeur au collège et au lycée. Dion comme Gourou croyaient profondément que les deux disciplines sœurs avaient beaucoup à s'apporter mutuellement[1]. Évoquant l'œuvre du candidat Dion au Collège, Lucien Febvre écrit : « Au carrefour de l'histoire et de la géographie, une série remarquable d'études qui toutes bouleversent de fausses certitudes. Et qui les bouleversent parce que, précisément, Roger Dion ne voit les choses ni en historien pur ni en géographe pur[2]. »

La domestication d'un grand fleuve est le point de départ commun des carrières universitaires de Pierre Gourou et de Roger Dion, qui commencent à la fin des années 1920 : le fleuve Rouge pour le premier, la Loire pour le second. Ils éprouvent tous deux une fascination pour l'élaboration des digues et leurs réfections au fil des inondations et des besoins des populations vivant dans les plaines alluviales toujours plus basses que le cours des fleuves. Pierre Gourou parcourt les digues pied ; Roger Dion aussi, mais il fait l'acquisition d'un canoë en bois – aujourd'hui conservé au musée de la

1. Les deux premières leçons de Gourou à l'Université libre de Bruxelles en 1948 avaient pour titres : « Ce que la géographie apporte à l'histoire » et « Ce que l'histoire apporte à la géographie ». H. Nicolaï, « Poursuivre dans les traces de Pierre Gourou », in H. Nicolaï *et alii* (dir.), *Un géographe dans son siècle*, *op. cit.*, p. 315-319.

2. Lettre de Lucien Febvre lue devant l'assemblé des professeurs le 30 novembre 1947, Dossier personnel de Roger Dion, Archives du Collège de France.

marine de Loire à Châteauneuf-sur-Loire – et descend, seul, au moins deux fois, la Loire de Roanne à Nantes afin de mieux se pénétrer des paysages et des atmosphères, mais surtout de mieux comprendre les aménagements des levées destinées à contenir les crues redoutables du fleuve qui, en été, selon son expression, n'est qu'une « coulée de sable ». La partie centrale de sa thèse concerne précisément ces turcies, un mot sans doute tiré de « torchis », le matériau dont elles sont faites, entremêlé de fagots et de troncs[1]. Au fil des siècles, à partir du règne de Louis le Pieux au IXe siècle, mais surtout d'Henri II Plantagenêt vers 1160, les textes anciens que Dion traque avec minutie décrivent les perfectionnements constants apportés à leur édification, leur rehaussement, leur réparation après les crues. Tous ces travaux s'effectuent sous l'autorité des rois, le Val de Loire étant leur séjour favori. Le texte de Dion est un vibrant éloge de l'intelligence dont les sociétés savent faire preuve à l'égard de leur environnement, créant un milieu artificiel pour y mieux vivre. La construction des barrages d'amont rend désormais les turcies beaucoup moins utiles, mais des travaux d'entretien sont nécessaires, puisque le fleuve coule toujours au-dessus du Val. Les ouvrages de maîtrise de ce fantasque cours d'eau demeurent un vrai monument historique et un témoignage d'une réalité qui est en train de s'estomper dans les mentalités :

1. R. Dion, *Le Val de Loire*, Tours, Arrault, 1934. Les chapitres concernant les turcies ont été réédités deux fois en un ouvrage indépendant : *Les Levées de la Loire*, Paris, chez l'auteur, 1961 ; et Paris, CNRS Éditions, 2017.

la « nature » n'est pas bonne pour l'homme, il est nécessaire de la domestiquer, de la mettre au service des besoins des sociétés qui évoluent sans cesse dans le temps. Dans la foulée de sa thèse, Roger Dion publie la même année une puissante synthèse intitulée *Essai sur la formation du paysage rural français*. À la différence de l'essai de Marc Bloch, publié trois ans plus tôt[1], très juridique et social, et de celui de Gaston Roupnel, publié l'année suivante[2], reposant sur les intuitions plus ou moins romantiques de l'écrivain bourguignon et sur le postulat erroné que le paysage de champs ouverts remonte à la nuit des temps, Roger Dion parvient à combiner les sources historiques écrites et la connaissance fine des paysages reposant sur leur observation. Son paysage est tissé de données environnementales, sociales, économiques, techniques, culturelles, il est un témoignage de la liberté humaine qui façonne son milieu selon ses idéaux et ses valeurs. Il y a dans celui-ci largement autant de culture, de fantaisie, de plaisir esthétique, en un mot de liberté que de nécessité vitale.

Au lendemain de la guerre, alors qu'il enseigne à la Sorbonne (1945-1948), il publie en 1947 un petit opuscule magistral intitulé *Les Frontières de la France*[3]. Il y traite de l'origine de toutes les frontières qui partagent notre pays depuis souvent très longtemps :

1. M. Bloch, *Les Caractères originaux de l'histoire rurale française* (1931), Paris, Armand Colin, 1952.

2. G. Roupnel, *Histoire de la campagne française*, Paris, Grasset, 1932 ; rééd. Paris, Plon, 1974.

3. R. Dion, *Les Frontières de la France*, Paris, Hachette, 1947 ; rééd. Brionne, Gérard Montfort, 1979.

fleuves, reliefs, mais aussi déserts humains, haies forestières, etc. Il y développe une thèse que certains historiens jugèrent fragile[1], mais qui mérite attention : les facteurs du partage de Verdun en 843 entre les trois petits-fils de Charlemagne sont profondément géographiques et économiques. Chacun d'entre eux devait pouvoir bénéficier à la fois des pâturages de la grande plaine du Nord propices à l'élevage – en particulier de moutons fournisseurs de laine et de chevaux indispensables à l'exercice du pouvoir –, de grandes forêts productrices de bois, de limons favorables à la culture céréalière, ainsi que de régions plus chaudes vouées à la viticulture, à l'olivier et au sel marin. Dion l'écrit de manière lumineuse : « S'il s'agit de partager entre plusieurs héritiers un champ contenant des veines de terre inégalement douées, un moyen pratique d'égaliser, autant que possible, la valeur des lots consiste à diviser le champ en parcelles allongées perpendiculairement à la direction générale de ces veines. À Verdun, en 843, le champ à partager est un large morceau d'Europe qui, des côtes frisonnes et des bouches de l'Elbe, s'étend vers le sud jusqu'à Navarre, aux Apennins et au Karst d'Istrie. Quant aux veines inégalement douées, ce sont des zones de végétation en rapport avec le climat ou les propriétés du sol[2]. » Expliquant ainsi pourquoi les trois frères, Louis le Germanique, Lothaire Ier et Charles le Chauve coupèrent l'Europe perpendiculairement aux zones de végétation, Dion conjugue données

1. É. Perroy, « Roger Dion, 1947, *Les Frontières de la France* [compte rendu] », *Revue du Nord*, n° 114, 1947, p. 155-156.
2. R. Dion, *Les Frontières de la France*, *op. cit.*, p. 72.

climatiques et pédologiques avec le souci géopolitique de constituer des États viables, quitte à partager des ethnies. C'est de cette décision qu'est née la France, partie occidentale de l'Empire qui n'était pas coupée par les Alpes, à l'origine limitée à l'Est par les quatre fleuves (Escaut, Meuse, Saône, Rhône) et qui a subsisté jusqu'à aujourd'hui en absorbant au fil des siècles une notable partie de la Lotharingie qui, elle, s'est évanouie. Il est clair aussi que notre pays s'est surtout fondé sur un projet culturel et politique fort, mais ce n'était pas le propos de Roger Dion qui, sans doute, ne le reniait pas.

Dès son élection au Collège de France en 1948, après sa leçon inaugurale qui porte sur la géographie historique de la France en général[1], Roger Dion entame un cycle de dix années de cours sur la vigne et le vin qui aboutira à son maître ouvrage de 1959[2]. Il démontre que la géographie viticole repose sur la volonté humaine de produire, de boire et de vendre du vin, beaucoup plus que sur les potentialités de l'environnement. Mieux même, elle contrarie souvent celles-ci et le génie viti-vinicole parvient à élaborer de merveilleux vins sur des terroirs qui, à l'origine, pouvaient apparaître médiocrement doués pour la viticulture. À côté de cela, de superbes potentialités demeurent en friche ou tournées vers des productions peu glorieuses. Les seules explications à cet apparent

1. R. Dion, « Leçon d'ouverture du cours de géographie historique de la France », in R. Dion, *Le Paysage et la Vigne*, Paris, Payot & Rivages, 1990, p. 23-46.

2. R. Dion, *Histoire de la vigne et du vin en France des origines au XIXe siècle*, chez l'auteur, 1959 ; rééd. Paris, CNRS Éditions, 2009.

paradoxe sont la vigueur du désir de vin, le discernement gustatif des amateurs, les sommes qu'ils sont prêts à dépenser pour accéder à cette consommation et à cette joie et, enfin, la proximité des marchés de consommation antérieurement à la révolution des transports. En cela, Dion se distingue radicalement de la géographie économique marxisante des lendemains de la guerre qui privilégie la production plutôt que les souhaits des consommateurs. Sa démonstration est irréfutable et il l'étaie d'innombrables analyses précises de sources anciennes, mais elle n'est pas acceptée par tous les chercheurs spécialistes de la question et, surtout, par les professionnels du vin qui, contre toute évidence, demeurent trop souvent persuadés de la primauté des terroirs physiques, voire d'une prédestination de ceux-ci[1]. Dès la première page de sa magistrale synthèse de 1959, il exprime cette forte idée dont tout le reste découle : « L'Homme, en effet, aime le vin comme l'ami qu'il a choisi ; par préférence, non par obligation. Aussi, l'histoire du vin est-elle, jusque dans ses expressions géographiques, plus fortement marquée d'arbitraire humain que ne le sont celles du blé ou celles du riz. »

C'est une géographie sociale qu'exprime donc la hiérarchie qualitative et des prix des vignobles, ce

1. J.-R. Pitte, *Le Désir du vin à la conquête du monde*, Paris, Fayard, 2009. J.-R. Pitte, « Un géographe du vouloir humain », Préface à Roger Dion, *Le Paysage et la Vigne*, *op. cit.*, p. 7-20. J.-R. Pitte, « Roger Dion, visionnaire malgré lui », in Jean-Robert Pitte (dir.), *Le Bon Vin entre terroir, savoir-faire et savoir-boire. Actualité de la pensée de Roger Dion*, Paris, CNRS Éditions, 2010, p. 5-15.

que Roger Dion synthétise dans un article retentissant paru en 1952[1]. Il exhume une phrase essentielle du *Théâtre d'agriculture et mesnage des champs* d'Olivier de Serres, publié en 1600 : « Si n'êtes en lieu pour vendre votre vin, que feriez-vous d'un grand vignoble ? » Puis, il développe la théorie que cette idée lui inspire : « L'habitude une fois prise d'apporter de grands soins à la viticulture ou de lui en donner peu, on en vient vite à attribuer aux dispositions naturelles des lieux les effets de ces différences dans le comportement des vignerons. Il est ordinaire que, dans les régions privées de liaisons faciles avec les grands centres de consommation, la mauvaise qualité du vin, si favorables que puissent être pourtant les dispositions du sol et du climat, soit acceptée comme une fatalité. »

Il est aujourd'hui passionnant de découvrir de merveilleux vins qui ont pour auteurs des vignerons talentueux dans des régions viticoles qui ne jouissaient pas naguère d'une très haute réputation. Citons en vrac pour la seule France le Pays nantais, le Mâconnais, la Savoie, les Côtes-du-Rhône moyennes, Gaillac, Cahors, Fronsac et tant d'autres qui sortent à peine du statut de « Belle au bois dormant » de la viticulture. À l'inverse, la facilité et l'esprit du lucre font que bien des vins, vendus sous des étiquettes prestigieuses et à des prix très onéreux, se révèlent décevants. Telle est la leçon de Roger Dion : le bon vin n'est fruit du terroir

1. R. Dion, « Querelle des anciens et des modernes sur les facteurs de la qualité des vins », *Annales de Géographie*, n° 328, 1952, p. 417-431.

qu'au deuxième degré. Ce dernier n'est qu'une page blanche, un instrument de musique, un matériau de construction. Dion le dit clairement : « Ainsi le rôle du terrain, dans l'élaboration d'un grand cru, ne va-t-il guère au-delà de celui de la matière dans l'élaboration d'une œuvre d'art. Il n'y a pas moins d'excès à définir les grands crus bordelais comme une "conséquence" de la présence de la terre de graves qu'il n'y en aurait à représenter l'art ogival comme un don du calcaire lutétien. » On conçoit qu'une telle profession de foi heurte les préjugés courants qui concernent le vin : chez les géographes, ceux des spécialistes de pédologie comme Henri Enjalbert et son élève René Pijassou ou de micro-climatologie comme la bourguignonne Rolande Gadille. Elle est encore plus inadmissible pour les propriétaires de vignobles réputés attachés à démontrer que la qualité de leurs vins tient au terroir physique et donc à leur capital foncier. Leur discours, sincère, mais aussi habile que peu crédible, se résume à dire qu'ils sont très peu interventionnistes et que leur talent se limite à laisser la vigne pousser toute seule et le vin s'élaborer doucement, à son rythme et à son gré, dans les cuves et les futailles. Il ne faut rien en croire, mais lorsqu'un hectare de vigne se vend à plusieurs dizaines de millions d'euros, il est en effet difficile d'affirmer que le travail du vigneron surpasse le support foncier du vignoble ! Et pourtant, un médiocre vigneron installé au Château Latour ou à la Romanée-Conti ne produirait que de la piquette, tout autant que si je tentais de vous interpréter du Mozart sur un stradivarius, alors que, de ma vie, je n'ai jamais tenu un violon dans mes mains !

Seul le génie humain peut révéler le terroir afin qu'il produise des nectars et ce à la condition que ceux-ci puissent rencontrer des amateurs éclairés, ce qui est la règle de toute production artistique. Dès sa thèse sur le Val de Loire, Dion avait observé que produire du vin de qualité n'est possible que sur les terres de riches propriétaires[1]. Sans les perfectionnistes que furent les moines de Cîteaux, de Saint-Vivant, de Tart, sans les ducs de Bourgogne, les rois de France et leur famille, le prince de Conti, par exemple, jamais les pentes argilo-calcaires de l'escarpement de faille que l'on nommera plus tard « Côte d'Or » n'auraient offert aux amateurs éclairés de si grands nectars issus du pinot noir. Il suffit de les comparer aux vins de la côte chalonnaise, aux sols comparables et même climatiquement plus favorisés, eux aussi plantés en pinot, mais qu'aucun débouché exigeant n'est venu magnifier jusqu'à maintenant, au point de les rendre rares et donc chers. Sans les Chartrons et les parlementaires bordelais, les marchands et amateurs éclairés d'Angleterre ou des Flandres, jamais les médiocres terres caillouteuses à moutons du Médoc n'auraient pu à partir de la fin du XVIIe siècle commencer à faire naître des vins si sombres, concentrés et capiteux, en un mot sublimes. Dion l'avait parfaitement compris : c'est là l'un des traits de son génie.

1. R. Dion, *Le Val de Loire*, *op. cit.*, p. 431.

CONCLUSION

L'école française de géographie, fondée par Vidal de La Blache, s'est employée la première, en opposition à la géographie allemande, à démontrer que le déterminisme physique était absurde et que la liberté des sociétés primait les facilités et contraintes de leur milieu. Elle s'est inscrite en faux contre la théorie des climats de Montesquieu ou contre le poncif de Napoléon affirmant que « tout État fait la politique de sa géographie ». Gourou et Dion ont été de brillants successeurs de nos pères fondateurs, pionniers de ce que l'on appelle aujourd'hui la « géographie culturelle ». Il est bien nécessaire de les relire et de méditer leurs enseignements à l'heure où la pensée magique envahit l'opinion sur bien des sujets touchant à la géographie : le réchauffement climatique, la biodiversité, l'eau, l'énergie, la démographie, les inégalités économiques et sociales, la nourriture des humains, la mondialisation. Oui, l'humanité va à sa perte si elle ne privilégie pas les progrès de la connaissance et de l'esprit critique, si elle vénère la déesse-mère Gaïa et considère que la nature l'emporte sur la culture, si elle se désespère et se replie sur elle-même de peur que le ciel ne lui tombe sur la tête[1]. En cette année au cours de laquelle nous célébrons le bicentenaire de la Société de géographie, la plus ancienne du monde,

1. S. Brunel, J.-R. Pitte (dir.), *Le ciel ne va pas nous tomber sur la tête*, Paris, Lattès, 2010.

créée à deux pas de l'Institut en 1821, il est temps de remettre à l'honneur le savoir géographique dans le concert des connaissances. Il n'est de géographie utile au savoir scientifique et à ses applications pratiques qu'attachée à repérer les actions humaines fondées sur la liberté créatrice et orientées vers le bien commun. Oui, l'ignorance géographique est une arme de destruction massive ; oui, une géographie courageuse, comme celle des maîtres Gourou et Dion, contribue au mieux-être de l'humanité et sert donc d'abord à faire la paix[1].

1. P. Michon, J.-R. Pitte (dir.), *À quoi sert la géographie ?*, Paris, Puf, 2021.

Qu'est-ce qu'un beau paysage ?

Séance solennelle de rentrée du lundi
7 novembre 2022

Au chapitre 34 du Deutéronome, on peut lire : « Alors, partant des steppes de Moab, Moïse gravit le mont Nébo, sommet du Pisga en face de Jéricho et Yahvé lui fit voir tout le pays [...]. Yahvé lui dit : "Voici le pays que j'ai promis par serment à Abraham, Isaac et Jacob, en ces termes : Je le donnerai à ta postérité. Je te l'ai fait voir de tes yeux, mais tu n'y entreras pas." » Après quarante ans d'errance, Moïse et le peuple hébreu parviennent enfin aux portes de la terre promise où ruissellent le lait, le miel et, sans doute, le vin, compte tenu de l'énormité de la grappe d'Eshkol. C'est l'une des rares scènes de contemplation paysagère relatée par la Bible. Elle se termine mal, puisque Moïse y meurt et y est enseveli discrètement en un lieu inconnu, comme si la vision paysagère d'en haut était mortelle et quasiment sacrilège, à moins qu'elle ne soit la récompense ultime accordée par Dieu à Moïse, un avant-goût du paradis.

Par jour clair, la vue que l'on a du mont Nébo, sur les hauteurs de Jordanie, au bord du grand Rift, est à couper le souffle : la mer Morte, le ruban vert de la vallée du Jourdain, les hauteurs de la Judée et, au loin, la Méditerranée. Si Moïse n'avait pas su qu'il était arrivé au terme ultime de sa mission, de ses 120 années de vie, et qu'il mourrait juste après cette vision paroxysmique du plus beau paysage du monde, on peut imaginer qu'il aurait été tenté d'éprouver un sentiment bien légitime de puissance, alors qu'il était invité par Dieu à la seule satisfaction du devoir accompli et à l'humilité.

LA CONTEMPLATION DU PAYSAGE DANS LA MÉDITERRANÉE ET LA CHINE ANTIQUES[1]

Si dans l'Antiquité, comme beaucoup d'habitants actuels de la planète, le commun des mortels ne se préoccupe guère de paysage, le plaisir d'admirer l'environnement, de le peindre et de le décrire d'une manière poétique, de l'aménager pour qu'il soit plus séduisant à l'œil, de le sublimer dans ces créations purement esthétiques que sont les jardins intéresse l'élite des grandes civilisations. Les jardins suspendus de Babylone, les jardins d'agrément de la haute société égyptienne, les bois sacrés grecs et, bien entendu, les savants jardins romains, le démontrent pour la Méditerranée.

1. Ce développement a été esquissé une première fois dans J.-R. Pitte, « L'intérêt pour le paysage dans les premiers siècles de la République des Lettres », in M. Fumaroli (dir.), *Les Premiers Siècles de la république des Lettres*, Paris, Alain Baudry, 2005, p. 122-132.

Certains écrivains comme Strabon ou Pausanias décrivent également l'ascension de montagnes ou la construction de villas en hauteur et jouissant d'un vaste point de vue[1]. En revanche, le mot grec *panorama* qui veut dire : « tout ce que l'on voit » est une invention du peintre anglais Robert Barker en 1789 afin de désigner les peintures circulaires de paysages qui ont fait sa réputation. Pétrarque prétend avoir entrepris au XIVe siècle l'ascension du Ventoux en songeant au passage de Tite-Live (XL, 21) dans lequel celui-ci décrit l'ascension par Philippe de Macédoine du mont Hémus en Thrace, du sommet duquel, croit-on à cette époque, on peut voir le Pont-Euxin, l'Adriatique, les Alpes et le Danube. Pourtant, Tite-Live lui-même donne l'explication de cette excursion : « Il pensait que cette vue lui serait de quelque utilité pour organiser son plan de campagne. » Rien à voir donc avec l'esthétique.

Plusieurs siècles plus tard, en revanche, une évolution se produit. L'empereur Hadrien aime à gravir l'Etna de nuit afin de jouir du lever de soleil depuis son sommet[2]. Les villas de Campanie sont pour beaucoup

1. D. Dumas-Acolat, *Les Romains et la Montagne : Image, connaissance et rôle du relief dans le monde impérial romain*, thèse, Paris, université Paris-Sorbonne, 2001, p. 206-211.

2. *Histoire Auguste. Vie d'Hadrien*, XIII, 3. C'est devenu aujourd'hui une pratique courante au Japon au mont Fuji qui fait désormais l'objet d'une fréquentation aussi dense que le mont Blanc. La première ascension par un moine bouddhiste date de 663, non que la difficulté soit insurmontable, mais plutôt parce que personne n'en éprouvait le besoin et que gravir les montagnes sacrées, c'est un peu les violer. Les femmes seront interdites d'ascension jusqu'à l'ère Meiji (1868).

d'entre elles implantées de telle manière que leurs habitants puissent jouir de la vue sur la mer ou sur le Vésuve depuis les bâtiments ou le jardin. Là, ils peuvent s'abandonner à l'*otium* qui repose du *negotium* ou occupe le plus clair du temps de ceux qui ont du bien en suffisance pour ne pas travailler. L'emplacement choisi pour les villas de Sorrente, au bord de la falaise volcanique ou au bout du cap, ne peut avoir d'autre explication. L'une des plus spectaculaires est la villa Jovis de Tibère, au point culminant de l'île de Capri. Outre le désir de se défendre contre tout ennemi, son architecture traduit aussi la volonté de jouir de points de vue plongeants sur l'île, sur le golfe de Naples, le Vésuve et sur le littoral de la péninsule sorrentine.

Les fresques de Pompéi et d'Herculanum représentent un certain nombre de vues de campagnes, de jardins, de bords de mer. Le Vésuve lui-même fait l'objet d'une peinture suggestive retrouvée dans le laraire de la maison du Centenaire[1]. Elle montre aussi les vignes et les forêts qui couvrent ses pentes ; sur le côté, Bacchus, habillé de raisins, pratique une libation. Plusieurs fresques de la maison de M. Lucretius Frontus représentent des paysages campaniens conformes à l'idéal esthétique du temps, y compris des villas s'ouvrant par de grands péristyles sur la mer.

L'un des textes les plus suggestifs de l'histoire de la perception paysagère antique est dû à Pline le Jeune

1. D'aucuns pensent qu'il s'agit plutôt d'une représentation du mont Nysa, montagne mythique située en Orient et où aurait été élevé le jeune Dionysos par des nymphes, sur ordre de Zeus voulant le protéger de la fureur de son épouse Héra.

décrivant sa propriété de Toscane : « Le pays est très beau. Représentez-vous un immense amphithéâtre, tel que la nature seule peut en faire. Une plaine largement ouverte et spacieuse est ceinte de montagnes ; ces montagnes portent à leur sommet de hautes futaies antiques ; le gibier est abondant et varié. [...] Vous aurez le plus vif plaisir à apercevoir l'ensemble du pays depuis la montagne, car ce que vous verrez ne vous semblera pas une campagne, mais bien un tableau de paysage d'une grande beauté. Cette variété, cette heureuse disposition, partout où se posent les regards, les réjouit[1]. » La traduction par « tableau de paysage d'une grande beauté » du passage « *pulchritudinem pictam videberis cernere* » est habituelle dans les éditions de Pline, mais le mot latin qui préfigurerait le mieux le mot « paysage » serait plutôt *prospectus*, qui désigne l'action de regarder au loin. Or, il ne semble pas avoir été employé dans un sens esthétique. Tout démontre donc qu'il y a bien regard distancié sur l'environnement au sein de l'élite romaine cultivée, mais que c'est un sentiment encore embryonnaire. La nécessité d'un mot unique pour désigner ce que l'on appellera bien plus tard « paysage » ne s'impose donc pas.

À la même époque, en revanche, la Chine entre de manière plus explicite dans ce nouveau mode de perception de l'environnement et d'aménagement de celui-ci afin que le regard en soit le plus charmé possible. Pour Augustin Berque qui approfondit l'histoire de cette révolution depuis des décennies, on peut

1. Pline le Jeune, cité par J.-N. Robert, in *Les Plaisirs à Rome*, Paris, Payot & Rivages, 2001, p. 164-165.

parler de société à paysage lorsque cinq conditions sont remplies[1] : un ou plusieurs mots pour désigner le paysage, un genre poétique (et calligraphique, en ce qui concerne la Chine) décrivant et chantant celui-ci, des représentations picturales le figurant, des jardins traduisant une vision esthétique et métaphorique des mondes minéral, végétal et animal, des traités du paysage et de sa représentation. On pourrait ajouter un sixième critère : des efforts accomplis pour fréquenter les lieux jugés les plus beaux, les aménager de manière à exalter le plaisir des yeux en leur offrant à contempler un panorama aussi touchant que possible, qu'il soit sauvage, rural ou urbain. C'est sous la dynastie Han (206 av. J.-C - 220 ap. J.-C.) que la Chine découvre les délices du *shanshui*, littéralement « montagne-eau », que l'on peut sans hésiter traduire par paysage[2]. Toutes les conditions sont remplies et, désormais, la Chine ne s'en séparera plus, même pendant les invasions mongoles, puisque ces conquérants barbares s'empressèrent d'adopter tout ce qu'il y avait de civilisé dans l'empire vaincu. La peinture, la poésie, l'art des jardins chinois témoignent à la fois d'une fusion cosmique des hommes et de leur environnement, mais en même temps d'une distanciation. Les peintures chinoises relevant du genre *shanshui* ne sont pas à proprement parler réalistes. Imprégnées

1. A. Berque, « La transition paysagère ou sociétés à pays, à paysage, à *shanshui*, à paysagement », *L'Espace géographique*, vol. 18, n° 1, 1989, p. 18-19. Et *Les Raisons du paysage. De la Chine antique aux environnements de synthèse*, Paris, Hazan, 1995.

2. A. Berque, « La naissance du paysage en Chine », *La Géographie*, n° 1546, 2012, p. 24-31.

de taoïsme, elles suggèrent plus qu'elles ne décrivent, expriment l'âme profonde du paysage, aux confins du tangible et de l'ineffable, de l'impermanence et de l'immortalité. Le vide y tient une place essentielle et elles se lisent du bas vers le haut, tandis que les poèmes qui les accompagnent se lisent, quant à eux, du haut vers le bas, selon la règle de l'écriture calligraphique.

C'est en effet le regard ascendant, du bas vers le haut, qui est privilégié dans la conception chinoise du paysage. Le Japon qui emprunte le *shanshui* à la Chine le poussera très loin, en particulier en faisant du *shakkei* un élément raffiné de l'art des jardins. On peut traduire ce mot par « paysage capturé ».

La technique consiste à aménager un jardin au pied d'une montagne, à le séparer du monde cultivé ou urbanisé par des bâtiments quasiment aveugles de ce côté et qui s'ouvrent de l'autre par de larges baies et coursives permettant la contemplation méditative. Un ou plusieurs pavillons de thé s'ouvrent par de petites fenêtres de formes diverses, mais dont l'une est souvent circulaire. Elles encadrent des paysages choisis. Le jardin en pente intègre les montagnes couvertes de forêts de l'arrière-plan, donnant l'illusion qu'elles en font partie. Tout est pensé pour que les poètes et les peintres trouvent ici de belles inspirations.

Il existe une exception au modèle dominant, celle de la vaste villa impériale *Shugaku-in rikyu* à Kyoto, tardive puisque créée par l'empereur Go-Mizunoo au XVIIe siècle. Elle est implantée sur une pente et les aménagements comme les *shakkei* résument l'ensemble des paysages japonais : montagnes forestières, cascades, lacs, rizières en terrasses, espace urbanisé. Ne manque

que la mer. Certaines vues sont ascendantes, mais des vues descendantes ont été également ménagées.

LE TRIOMPHE DE LA VISION PAYSAGÈRE OCCIDENTALE DESCENDANTE

Le Moyen Âge occidental ne se préoccupe guère de paysage. Alain Roger parle de « cécité médiévale[1] ». Les campagnes, les villes, les maisons d'habitation, les monuments militaires et religieux sont pensés pour l'usage, pour la vie et non d'abord pour la vue. Porter un jugement esthétique à leur propos est un anachronisme. Certes, les châteaux féodaux sont souvent perchés sur des éminences, mais pour des raisons défensives, pour voir venir l'ennemi. En dehors de celles qui ont été percées à partir du XVIe siècle, leurs fenêtres s'ouvrent sur les cours afin d'éclairer les intérieurs plutôt que sur l'extérieur. Les cathédrales et les églises sont dotées de tours d'une hauteur souvent prodigieuse que personne ne songe à gravir pour admirer le panorama urbain visible depuis leur sommet : elles sont avant tout destinées à accueillir les cloches qui scandent le déroulement de la journée et de l'année liturgique des chrétiens. C'est la même fonction d'appel à la prière que remplissent les minarets des mosquées du monde musulman. Quant

1. A. Roger, *Court traité du paysage*, Paris, Gallimard, 1997, p. 58.

aux beffrois, ils abritent des cloches qui sonnent les heures laïques de la vie économique et politique des villes qui en sont dotées et qui en font le symbole de leurs libertés. Leur hauteur peut remplir de fierté les citadins, mais elle se jauge du bas vers le haut et non depuis leur sommet. Les citadins sont si indifférents au paysage qu'ils ne font rien pour en jouir. Ils vivent enfermés derrière d'épaisses murailles dont le chemin de ronde n'est arpenté que par des soldats. Dans les grandes villes, les ponts sont couverts de maisons et ne permettent même pas d'apercevoir les fleuves et le ciel. Les places sont en général étroites, y compris les parvis.

Certes, les façades sculptées des édifices religieux attirent le regard – de bas en haut –, mais elles racontent l'histoire sainte et sont destinées à édifier le peuple illettré. Elles se lisent la tête renversée en arrière. Il n'y a aucun intérêt à prendre du recul puisque leur message devient alors illisible, ce qui explique l'étroitesse des parvis médiévaux. Même chose pour les cloîtres et les jardins des châteaux et palais : ils sont clos et ne s'ouvrent que sur le ciel, imposant l'intimité et la méditation. Le regard ne peut s'y porter au loin. Les trois arcades du cloître du Mont-Saint-Michel qui s'ouvrent sur la mer et offrent une vue jugée aujourd'hui admirable ne résultent pas d'une volonté paysagère, mais d'un projet inabouti : elles auraient dû normalement donner accès à la salle capitulaire, qui n'a jamais été construite.

On attribue fréquemment à Pétrarque l'invention du regard paysager en se fondant sur le récit de son ascension, plus ou moins avérée, du mont Ventoux en

1336[1]. Ce n'est au mieux qu'un timide frémissement. En effet, le poète rêve depuis longtemps de gravir la haute montagne qui domine Avignon et que fréquentent seulement les bergers et leurs troupeaux. Il raconte avoir décidé un jour de se lancer dans l'aventure en compagnie de son jeune frère, souffre beaucoup en chemin et éprouve un réel étonnement en parvenant au sommet : « Au début, surpris par cet air étrangement léger et par ce spectacle grandiose, je suis resté comme frappé de stupeur. Je regarde derrière moi : les nuages sont sous mes pieds. » Puis, se tournant vers la crête des Alpes, il songe à son pays natal : « J'ai pleuré ce ciel d'Italie que voyait mon âme et que cherchaient mes yeux, et un désir violent me brûla de revoir mon ami et ma patrie. » Aussitôt, il en vient à penser que cet effort physique est bien inutile, qu'il n'est au fond qu'une expression de sa propre vanité et qu'il lui faut céans élever son âme vers Dieu. Il sort alors de sa poche un exemplaire des *Confessions* de Saint-Augustin : « Je l'ouvre pour lire ce qui me tombera sous les yeux : la page que je rencontrerai ne peut être que pieuse et dévote. C'était le livre X. Mon frère, qui attendait que sorte de ma bouche une parole d'Augustin, était tout ouïe. Je le prends avec Dieu à témoin que dès que je fixai mes yeux, je lus : « Et les hommes vont admirer les cimes des monts, les vagues de la mer, le vaste cours des fleuves, le circuit de l'Océan et le mouvement des astres et ils s'oublient eux-mêmes ». Je restai interdit, je le confesse ; et, après avoir prié mon frère qui voulait que

1. Pétrarque, *L'Ascension du Mont Ventoux* (1336), Rezé, Séquences, 1990.

je poursuive ma lecture de ne pas me déranger, je fermai le livre, furieux de l'admiration que j'éprouvais encore pour les choses terrestres quand j'aurais dû depuis longtemps, apprendre, des philosophes païens eux-mêmes, qu'il n'est rien d'admirable en dehors de l'âme, qu'il n'est rien de grand en regard de sa grandeur. » Même si c'est au XIVe siècle que la peinture paysagère voit timidement le jour en Occident, Pétrarque n'y trouve aucun intérêt. En 1366, il écrit un dialogue entre la Joie et la Raison qui montre sa résistance à l'esprit du temps : « Joie : J'ai la plus grande admiration pour les tableaux. Raison : Étrange folie de l'esprit humain, qui admire tout sauf lui-même, alors qu'il n'est rien de plus admirable, non seulement parmi les produits de l'art, mais aussi parmi ceux de la nature. Joie : J'adore les tableaux. Raison : Ce que je pense, tu l'auras déjà compris d'après ce que je viens de dire. Chaque chose terrestre qui vous charme devrait, si vous vous laissiez guider par votre jugement, exalter votre amour du Ciel, et vous rappeler d'où elle vient[1]. »

De telles réticences apparaissent comme un combat d'arrière-garde et seront balayées par la révolution paysagère qui avance à grands pas à cette époque. L'une de ses manifestations les plus précoces et spectaculaires, contemporaine de l'ascension du Ventoux par Pétrarque, est la fresque intitulée *Allégorie et effets du Bon et du Mauvais Gouvernement* (en italien *Allegoria ed Effetti del Buono e Cattivo Governo*), qu'Ambrogio Lorenzetti peint sur les murs du *Palazzo Pubblico* de

1. Pétrarque, *Contre la bonne et la mauvaise fortune* (1366), Paris, Payot & Rivages, 2001.

Sienne entre 1338 et 1340. Bien des interprétations en sont possibles, tant son contenu est picturalement et symboliquement riche. Disons simplement que, pour la première fois en Occident depuis la chute de l'Empire romain, un paysage rural bien ordonné est représenté en vue cavalière depuis la ville de Sienne qui est elle-même figurée en coupe. Comme la fresque est peinte à plusieurs mètres de hauteur, même en prenant du recul, il faut lever la tête pour la regarder, mais le regard du peintre, quant à lui, est bien descendant, du haut vers le bas du paysage. Plus on avance dans le siècle, mieux la perspective est maîtrisée et les vues cavalières sont de plus en plus réalistes. Désormais, toute la peinture paysagère italienne, flamande, puis française et de toutes les contrées européennes privilégie la vue plongeante, celle que l'anglais nomme de manière imagée « *bird's eye view* ».

Pourquoi cette différence avec l'art chinois de la peinture de *shanshui* ? Pour le comprendre, il faut comparer les spiritualités, les conceptions de la destinée humaine et de la relation des hommes avec leur environnement minéral, végétal et animal. L'Extrême-Orient demeure très imprégné d'animisme et de chamanisme. L'homme doit vouer un grand respect à la « nature ». L'Occident, né des civilisations judéo-chrétiennes dans lesquelles Dieu a confié la terre à l'humanité qu'il a créée à son image, libre et responsable, affirme aussi clairement que possible la supériorité de celle-ci sur la « nature[1] ». À partir du XIIIe siècle, les

1. I.V. Pouzyna, *La Chine, l'Italie et les débuts de la renaissance (XIIIe-XIVe siècles)*, Paris, Éditions d'art et d'histoire, 1935, p. 87.

villes d'Italie du nord bénéficient de libertés étendues et développent une conception du monde encore plus anthropocentrée que celle des siècles précédents. On peut voir dans ce renversement du regard une manifestation de la séparation qui s'esquisse entre la sphère religieuse et la sphère de la Cité, une expression d'un début de laïcité.

Éduqué par les peintres, le regard des Européens cultivés s'habitue à regarder, puis à porter un jugement esthétique sur l'environnement naturel, rural et urbain. C'est dans le courant du XVe siècle qu'il devient nécessaire de nommer cette manière de percevoir le monde. Le néerlandais « *Landscap* » serait le premier apparu en 1462[1], suivi d'une version dans chacune des langues européennes, « paysage » apparaissant en français en 1493, semble-t-il sous la plume du poète Molinet, originaire de Valenciennes. Le mot passera en Italie (*paesaggio*) deux ans plus tard[2]. Pendant longtemps, il ne s'appliquera qu'aux tableaux[3], avant de prendre un sens plus large. Cette fascination pour les perspectives dégagées sur le lointain modifie en profondeur les architectures, l'urbanisme, l'art des jardins. Maisons bourgeoises et châteaux s'ouvrent désormais par de larges fenêtres. Les villes se transforment en dégageant leurs ponts et en ouvrant des avenues et promenades. Un nouvel art des jardins voit le jour, privilégiant les

1. Y. Luginbühl, *La Mise en scène du monde. Construction du paysage européen*, Paris, CNRS Éditions, 2012.

2. A. Prati, *Vocabolario etimologico italiano*, Rome, Multigrafia Editrice, 1979.

3. « Paisage : mot commun entre les painctres », lit-on dans le Dictionnaire de Robert Estienne en 1549.

vues plongeantes, comme on peut le constater dans le Val de Loire, considéré comme *Franciae viridarium*, le verger de la France, depuis Louis XI, et berceau du beau paysage français. Les jardiniers italiens puis français ménagent des points de vue d'où l'on peut exercer ce regard circulaire dominant : les *bel vedere* (belvédères en français) qui permettent d'admirer le *bel paesaggio*.

Les poètes chantent les paysages qui les émeuvent, comme Ronsard qui chante son cher Val de Loire, en 1552, dans *Amour de Cassandre* :

> Ciel, air et vents, plains et monts découverts,
> Tertres vineux et forêts verdoyantes,
> Rivages torts et sources ondoyantes,
> Taillis rasés et vous bocages verts,
> Antres moussus à demi-front ouverts,
> Prés, boutons, fleurs et herbes roussoyantes,
> Vallons bossus et plages blondoyantes,
> Et vous rochers, les hôtes de mes vers,
> [...]

Cela aboutira au XVIIe siècle à Versailles, diamétralement opposé au modèle chinois. Poussant la métaphore de la fresque du bon gouvernement de Sienne, le château, le jardin et la ville de Versailles expriment le triomphe du regard porté du haut vers le bas et, par leur régularité, leurs alignements, la symétrie, le minéral et le végétal obéissent à la volonté du prince, l'image même du bon gouvernement royal et du paradis à venir. C'est ce que Malebranche théorise dans ses *Méditations chrétiennes* : « Il est vrai que le monde visible serait plus parfait si les terres et les mers faisaient des figures plus justes – si étant plus petit, il pouvait entretenir autant d'hommes, si les pluies étaient plus régulières et les terres plus fécondes ; en un mot s'il n'y avait point tant de monstres et de désordres. Mais Dieu voulait nous apprendre que c'est le monde futur qui sera proprement son ouvrage, ou objet de sa complaisance, et le sujet de sa gloire[1]. » En attendant l'au-delà, c'est le roi qui est l'arbitre du bon goût et du beau paysage.

Depuis la Renaissance, la vision d'en haut a connu de plus en plus de succès. La Réforme n'y est pas étrangère, puisqu'elle a fait des espaces peu humanisés, ce que l'on appelle désormais improprement « nature », l'image même du Dieu tout-puissant que l'on ne peut représenter. Ce n'est pas par hasard que l'alpinisme est né chez les Genevois. Viendront ensuite les trains de montagne à crémaillère et les téléphériques, puis les tours munies d'ascenseurs et de plateformes d'observation (Tour Eiffel, Empire State Building) qui permettent aux touristes de jouir des panoramas sans avoir à fournir l'effort physique nécessaire pour les atteindre. Dans le domaine artistique, le stade ultime de la vision descendante sur le paysage est atteint par le peintre romantique Caspar David Friedrich, en particulier dans *Le Voyageur au-dessus de la mer de brouillard*, réalisé en 1818.

Toute son œuvre est un témoignage de l'admiration que les protestants vouent à la nature, mais aussi, ce qui est propre au peintre, un hymne à la volonté de

1. Cité par E. Lavisse, in *Histoire de France*, Paris, Hachette, t. VII, 1911, p. 99-100.

puissance. Friedrich qui était atteint d'un délire de persécution a parfaitement exprimé à la fois le sublime de la création et l'inquiétant avènement du surhomme. Il écrivait : « Le peintre ne doit pas peindre seulement ce qu'il a en face de lui, mais aussi ce qu'il voit en lui[1]. » Pas très rassurant sur les détours de l'âme de Friedrich !

CREUSEMENT D'UN FOSSÉ ENTRE L'HUMANITÉ ET LE PAYSAGE DEPUIS LA RÉVOLUTION INDUSTRIELLE

Pendant longtemps, la majorité des humains, Français et Européens compris, ont vécu dans leur environnement sans aucune distanciation, sans goût de décrire et d'admirer, d'être indifférents ou de détester, mais tout simplement ils s'y trouvaient bien ou malheureux. Ils étaient d'ailleurs largement responsables de la configuration de leur cadre de vie qui était conforme à leurs savoir-faire et à leurs rêves. Ils le vivaient sans éprouver le besoin d'en parler. Les habitants du village des Bossons, par exemple, dans la vallée de Chamonix, n'admiraient nullement le glacier qui les surplombait et les menaçait, alors qu'aujourd'hui certains pleurent sa fonte et sa disparition prochaine, sacralisant sans aucune justification ce vestige dangereux du « petit âge glaciaire ». Le

1. C. D. Friedrich, *En contemplant une collection de peintures* (1819), Paris, José Corti, 2011.

mot « paysage », connu de la seule élite intellectuelle, n'avait aucun sens pour la plupart de nos ancêtres et ne faisait pas partie de leur vocabulaire. Depuis la révolution industrielle et la croissance exponentielle des moyens d'action sur l'environnement, un fossé s'est creusé entre celui-ci et l'humanité. Le paysage est alors devenu un sujet de conversation, un objet d'étude, un champ professionnel, un questionnement inquiet, un problème insoluble sur lequel on ne sait plus vraiment qui a prise. Cette schizophrénie grandissante n'est pas un progrès !

Désormais, la plupart des habitants s'intéressent aux paysages et portent des jugements esthétiques sur ceux-ci, mais ces derniers varient d'un individu à l'autre, d'un groupe social à l'autre en fonction de l'éducation reçue. Les cartes postales et les prospectus touristiques ont pendant longtemps servi de références pour ceux qui ne voyageaient guère. Aujourd'hui, la publicité, le cinéma et la télévision fournissent quotidiennement leur lot d'images de lointains enchanteurs, ou présentés comme tels, qui nourrissent les imaginaires paysagers. Les peintures de Gauguin qui n'étaient en aucune manière réalistes ont inspiré les bâtisseurs d'établissements du Club Méditerranée, qui sont devenus des stéréotypes de paysages de vacances idylliques, imités sur tous les littoraux tropicaux du monde. La maison individuelle avec jardin est le rêve de la plupart des humains dont beaucoup sont pourtant contraints de vivre dans des barres et des tours voulues par des idéologues, décideurs politiques, urbanistes ou architectes. Le premier théoricien en fut Le Corbusier, que Salvador Dalí qualifiait de masochiste et dont il disait qu'il avait inventé « l'architecture d'autopunition[1] » en prétendant offrir à ses contemporains le cadre parfait de leur bonheur sur terre. Ce n'est pas par hasard que ces principes ont fasciné les régimes totalitaires soviétique, maoïste ou de Corée du Nord, par exemple. Peu de nos contemporains sont heureux d'habiter dans ces machines à habiter, ces architectures médiocres et stéréotypées ; ils y sont contraints par la pauvreté et l'absence d'alternative. Depuis les années 1960, ceux qui parviennent à s'échapper de ces territoires du pis-aller sont remplacés par des immigrants qui n'ont pas d'autre choix et qui n'ont guère de chance de parvenir à y comprendre le pays qu'ils ont pris pour un eldorado, ses institutions, sa culture.

Le territoire est un concept majeur de la géographie, comme d'ailleurs de l'éthologie, de la science politique ou de certains arts, comme l'architecture. Il désigne l'espace approprié, celui dans lequel une personne ou un groupe social se sent chez lui, en confiance, en intimité affective avec son cadre de vie qu'il marque de sa présence et façonne. Le paysage – extérieur, mais aussi intérieur – en est la traduction perceptible par les sens et par les sentiments. Il est réussi et beau lorsqu'il correspond aux attentes de ses usagers principaux, c'est-à-dire de ceux qui l'habitent, le modèlent à leur maniéré en permanence, y vivent au quotidien. Lorsqu'elle existe, cette harmonie est très perceptible par les visiteurs d'un moment, ceux que l'on nomme touristes. C'est le cas des paysages agraires

1. S. Dalí, *Les Cocus du vieil art moderne* (1956), Paris, Grasset, 2013, p. 35-36.

bien peignés, ceux des rizières, ceux des vignobles, ceux des vergers ou des plantations de thé ; mais c'est aussi le cas des paysages urbains issus de la volonté, non d'un seul homme, prince ou urbaniste, mais d'une société. Ainsi en est-il des espaces urbanisés du Japon, peu attrayants, voire inquiétants, lorsqu'ils sont vus de haut par un étranger, mais dont on perçoit rapidement au sol à quel point ils deviennent chaleureux et expriment la sociabilité nipponne. Ils sont le contraire absolu des parcs nationaux imaginés dans certains pays et dont les peuples dits « premiers » qui y résidaient ont parfois été exclus avec violence afin de fabriquer des pseudo-paysages « naturels » donnant la fausse impression d'être exempts de toute trace d'occupation humaine. C'est le cas des grands parcs de l'Ouest américain ou d'Afrique du Sud. C'est aussi ce qui fait fantasmer nombre de nos contemporains à propos de la forêt amazonienne qui, en réalité, n'est nulle part « vierge », pas plus que celle du Congo ou de Bornéo.

J'aimerais évoquer maintenant une question qui a mobilisé cette année trois académies de l'Institut (les sciences, les beaux-arts et les sciences morales et politiques) : la place de l'éolien dans notre production énergétique. Les conclusions sur lesquelles nous nous sommes accordés et qui touchent en grande partie au caractère irremplaçable de l'énergie nucléaire sont disponibles sur nos sites[1]. Je voudrais seulement insister aujourd'hui sur la place des éoliennes dans les paysages français.

1. « Quelle place pour les éoliennes dans le mix énergétique français ? », académiesciencesmoralesetpolitiques.fr

Notre confrère sculpteur de l'Académie des beaux-arts, Jean Anguera, habite en Gâtinais, une région peu accidentée, éminente sur le plan gastronomique grâce à son miel, à son safran, à son pithiviers et, naguère, à ses délectables pâtés d'alouettes, mais délaissée des touristes. Il a interrogé ses voisins sur les éoliennes qui poussent à foison dans son plat pays. Il a recueilli un sentiment unanime : elles entraînent une répercussion majeure sur les paysages et sur la psychologie des riverains, sur leur sentiment d'appartenance et engendrent une impression de tyrannie, d'un pouvoir anonyme, de dépossession et, à terme, de désespoir. Certes, tout jugement esthétique est subjectif, ce qui est une raison suffisante pour ne pas l'écarter d'un débat dont le moins que l'on puisse dire est qu'il pèche par déficit de démocratie.

Voici quelques constats révélés par l'enquête de notre confrère. Les éoliennes se détachent sur le ciel qu'elles ponctuent d'une présence répétée et disproportionnée. Les lointains sont bouleversés. Je cite Jean Anguera : « Ce que modifie fondamentalement la présence des éoliennes est la possibilité d'évasion que procure le paysage et ce qui en faisait la valeur essentielle, quoique pas toujours consciente tant elle était une évidence constante. Cet aspect est essentiel en Gâtinais où les très faibles reliefs, hormis les vallées, confèrent une grande importance à la contemplation du ciel. » Aujourd'hui, se plaignent les Gâtinais, le ciel est envahi et l'on éprouve une sensation d'écrasement. Vient ensuite la présence permanente d'éléments hors échelle, ce qu'un habitant exprime de manière imagée : « Quand je regarde les éoliennes derrière le clocher de l'église, j'ai l'impression d'habiter un village de poupées, j'ai l'impression que le pays (le territoire) est devenu minuscule. » Jusqu'à maintenant, seuls les clochers dépassaient l'échelle humaine, mais ils étaient tous différents et porteurs d'une signification symbolique forte, religieuse ou identitaire. Le ciel procure un sentiment d'espace et de liberté ; il est désormais encombré d'engins intrusifs et menaçants.

De surcroît, beaucoup d'habitants soupçonnent l'inutilité des éoliennes et ne peuvent donc les admirer comme ils le font d'une voiture bien carrossée, d'un grand voilier, d'un TGV, d'un ouvrage d'art comme le viaduc de Millau.

Enfin, le fait qu'il est légalement impossible d'implanter des éoliennes à proximité de monuments ou de paysages patrimoniaux démontre bien que celles-ci détruisent l'harmonie et la beauté des paysages. De quel droit les imposer aux habitants des régions plus anonymes et discrètes dans les guides touristiques ?

Et voici comment d'habiles industriels, s'appuyant sur les vociférations d'idéologues anti- nucléaires et sur la naïveté d'élus locaux et de propriétaires fonciers désargentés, sont parvenus à déposséder beaucoup de nos concitoyens de leur paysage, sans parler des 90 millions d'étrangers qui viennent en France (chiffre de 2019) pour la beauté de ses paysages et qui, pardonnez ma vulgarité, contribuent à équilibrer sa balance commerciale.

Cela rappelle la malheureuse histoire des habitants de Saint-Kilda[1]. Au nord des Hébrides écossaises,

1. J. Bonnemaison, « Vivre dans l'île. Une approche de l'îléité océanienne », *L'Espace géographique*, vol. 19-20, n° 2, 1991, p. 119-125.

les quatre îles formant Saint-Kilda sont aujourd'hui désertes pour avoir été désenchantées. Elles sont constamment battues par les tempêtes, inaccessibles depuis le continent plusieurs mois par an, leur sol est pauvre et les habitants vivaient jadis dans des conditions d'une dureté inimaginable, d'un peu de pêche, de l'élevage de quelques rares moutons, de chair salée et d'œufs d'oiseaux de mer. Ils avaient su créer sur leur rocher un équilibre social et écologique qui reposait sur un syncrétisme entre le christianisme et les croyances animistes de la vieille religion celtique qui leur permettaient d'apprivoiser leur paysage désolé et de l'aimer. Cette construction culturelle fut bouleversée par l'arrivée à la fin du XIXe siècle d'un pasteur calviniste rigoriste qui voulut éradiquer leurs coutumes, suspectes de paganisme. La culture communautaire de Saint-Kilda, ses chants millénaires, ses danses, ses rites étranges furent bannis et la population « normalisée ». Comme l'a écrit feu mon ami le géographe Joël Bonnemaison qui les comparait à ses chers Mélanésiens du Vanuatu : « Privés de raisons de vivre et de rêver, les gens de Saint-Kilda perdirent le goût de leur île, ils s'exilèrent peu à peu ou moururent sans descendance ; les vingt ou trente derniers habitants demandèrent à être évacués définitivement en 1930. Ils partirent pour l'Australie… Hormis les oiseaux qui se multiplient, un grand silence s'est abattu sur l'île. » Plaise au Ciel que pareille aventure ne survienne pas en Gâtinais et dans le reste des contrées du monde entier soumises aux ineptes plantations d'éoliennes que personne ne viendra jamais enlever des paysages lorsqu'elles seront devenues inutilisables au bout de trente ans !

Il ne faut pas désenchanter le monde dans lequel on vit car, dès lors, celui-ci mène sa vie propre et devient étranger, puis hostile. Il ne faut pas créer de hiatus entre l'Homme et son environnement.

CONCLUSION

Il n'est de beau paysage qu'accueillant pour l'humanité, beau à voir parce que bon à vivre, volubile pour nos imaginaires nourris de nos propres histoires, de nos expériences heureuses. Gustave Flaubert, traversant l'Anjou en 1847 pour se rendre en Bretagne, nous a dit ce qu'était pour lui un beau paysage français en des termes que n'auraient renié ni du Bellay, ni Ronsard : « Le vent est tiède sans volupté, le soleil doux sans ardeur ; tout le paysage enfin joli, varié dans sa monotonie, léger, gracieux, mais d'une beauté qui caresse sans captiver, qui charme sans séduire et qui, en un mot, a plus de bon sens que de grandeur et plus d'esprit que de poésie : c'est la France[1]. » Retenons « la beauté qui caresse sans captiver » et vous aurez la réponse à la question que je pose dans cette lecture.

Notre confrère de l'Académie française, François Cheng, fusionnant ses racines chinoises et son amour de la culture française, a, lui aussi, su dire avec

1. G. Flaubert, « Par les champs et par les grèves », in *Voyages*, t. I, Paris, Les Belles Lettres, 1948, p. 185.

bonheur que le paysage n'est beau que par les hommes qui l'habitent avec une tranquille ferveur :

> Oui, voici la colline et la vallée,
> Voici le lac et le reflet des nuages,
> La lumière les dévoile aube et soir ;
> Et le printemps revient à tire-d'aile !
> Terre habitable, humain séjour provisoire :
> Il n'est vrai paysage que de nos mémoires[1]...

1. F. Cheng, « D'infinis paysages », poème écrit pour le Cercle des poètes en 2012 à l'occasion du Printemps des poètes. Paru également dans F. Cheng, *La vraie gloire est ici*, Paris, Gallimard, 2015.

Table

Géographie culturelle, Paris, Fayard, 2006.

(dir.), *La Sorbonne. 750 ans de création et de transmission du savoir au service des humanités*, Paris, Presses de l'université Paris-Sorbonne, 2007.

Stop à l'arnaque du bac, Paris, Oh ! éditions, 2007 ; rééd. Pocket, 2008.

—, M. Montanari (dir.), *Les Frontières alimentaires*, Paris, CNRS Éditions, 2009.

À la table des dieux, Paris, Fayard, 2009.

Le Désir du vin à la conquête du monde, Paris, Fayard, 2009. Grand prix de la Presse du Vin.

Le Génie des lieux, Paris, CNRS Éditions, 2010.

(dir.), *Le Bon Vin entre terroir, savoir-faire et savoir-boire. Actualité de la pensée de Roger Dion*, Paris, CNRS Éditions, 2010.

—, S. Brunel (dir.), *Le ciel ne va pas nous tomber sur la tête*, Paris, Lattès, 2010.

Une famille d'Europe, Paris, Fayard, 2011. Prix de la Paulée de Meursault.

(dir.), *Orientation pour tous. Bien se former et s'épanouir dans son métier*, Paris, François Bourin, 2011.

(dir.), *L'Amour du vin*, Paris, CNRS Éditions, 2011.

La Bouteille de vin. Histoire d'une révolution, Paris, Tallandier, 2013 ; rééd. « Texto », 2022.

Dictionnaire amoureux de la Bourgogne, Paris, Plon, 2015. Prix du Palais ducal de Nevers 2015.

Cent petites gorgées de vin, Paris, Tallandier, 2016. Gourmand World Cookbook Award 2016.

Atlas gastronomique de la France, Paris, Armand Colin, 2017 ; rééd. 2022. Prix Edmond de Rothschild 2017, Gourmand World Cookbook Award 2018.

(dir.), *Les Accords mets-vins. Un art français*, Paris, CNRS Éditions, 2017. Prix de l'Organisation internationale de la vigne et du vin 2018.

(co-dir. avec A. Miossec), *La Mer nourricière*, Paris, CNRS Éditions, 2019.

La Planète catholique. Une géographie culturelle, Paris, Tallandier, 2020.

Dardanus. Une âme forte au déclin de l'Empire romain, Paris, Calmann-Lévy, 2021. Prix du Guesclin du roman historique 2021.

—, B. Simmat, P. Bercovici, *L'Incroyable Histoire de la géographie. 200 ans d'exploration du monde*, Paris, Les Arènes – Société de géographie, 2021 ; rééd. 2022.

(co-dir. avec P. Michon), *À quoi sert la géographie ?*, Paris, Puf, 2021.

Composition et mise en pages
Nord Compo à Villeneuve-d'Ascq

PEFC
10-31-3532

Certifié PEFC

Ce produit est issu de forêts gérées durablement et de sources contrôlées

www.pefc-france.org

Imprimé en France sur papiers
issus de forêts gérées durablement

Sepec Numérique

1, rue de Prony - ZA des Bruyères
01960 Peronnas

IMPRIM'VERT®

Achevé d'imprimer en octobre 2023
Numéro d'impression : N17932230688